BIBLIA PENTRU GRĂTARUL ȘI GRĂTARUL TĂU

100 de rețete magnifice pentru a stăpâni arta grătarului și pentru a uimi prietenii și familia

Andrea Petcu

Toate drepturile rezervate.

Disclaimer

Informațiile conținute în această carte electronică sunt menite să servească drept o colecție cuprinzătoare de strategii despre care autorul acestei cărți electronice a făcut cercetări. Rezumatele, strategiile, sfaturile și trucurile sunt doar recomandări ale autorului, iar citirea acestei cărți electronice nu va garanta că rezultatele cuiva vor oglindi exact rezultatele autorului. Autorul cărții electronice a depus toate eforturile rezonabile pentru a oferi informații actuale și exacte pentru cititorii cărții electronice. Autorul și asociații săi nu vor fi făcuți la răspundere pentru orice eroare sau omisiuni neintenționate care pot fi găsite. Materialul din cartea electronică poate include informații de la terți. Materialele terților cuprind opinii exprimate de proprietarii acestora. Ca atare, autorul cărții electronice nu își asumă responsabilitatea sau răspunderea pentru niciun material sau opinii ale terților.

Cartea electronică este copyright © 2022 cu toate drepturile rezervate. Este ilegal să redistribuiți, să copiați sau să creați lucrări derivate din această carte electronică, integral sau parțial. Nicio parte a acestui raport nu poate fi reprodusă sau retransmisă sub nicio formă, fără permisiunea scrisă exprimată și semnată din partea autorului.

CUPRINS

CUPRINS 3

INTRODUCERE 7

FĂRGĂRUI 9

1. Pui cu caise pe frigarui... 10
2. Frigarui de fructe de mare glazurate cu mere....................... 13
3. Frigarui de peste la gratar 15
4. Carne de vită la vin la frigărui 18
5. Frigarui de ardei dovlecei copti 20
6. Grădină pe o frigărui... 22
7. Creveți tăiați cu usturoi.. 25
8. Frigarui Halloumi 27
9. Miel frigaruit japonez 30
10. Carne de soi frigaruita 32
11. Frigarui de scoici Piri piri 35
12. Ciuperci Portabella și ardei.. 38
13. Frigarui de cartofi rosii 41
14. Scoici la frigarui 43
15. Tofu frigaruit in marinata de portocale................................. 45
16. Frigarui de pui in stil Yucatan... 48
17. Fâșii de vită teriyaki 50
18. Broșe de foc 52
19. Frigarui de pui in stil grecesc... 54
20. Kebab teriyaki cu friptură și ciuperci..................................... 56
21. Frigarui de ficat de vitel cu panceta....................................... 59
22. Frigarui de mahi-mahi cu unt de fructe de mare................. 62
23. Coada de homarcu fructe tropicale la gratar 65
24. Kebab de porc tropical... 68
25. Pui asiatic la frigarui 70
26. Teancă de pui la grătar.. 72
27. Broșe lipicioase de cârnați dulci 74

28.	Cârnați la grătar și tortilla de muștar	76
29.	Friptura de piper pe un bat	78
30.	Pui Ramjam	80
31.	Shish kebab	82
32.	Fajitas de friptură	84
34.	Creveți busuioc	89
35.	Seitan la gratar si brochete de legume	91
36.	Frigarui de legume la gratar cu sos de mop	93
37.	Frigarui de legume la gratar	96
38.	Chimichurri legume la grătar	99
39.	Frigarui de portocale si capsuni la gratar	102
40.	Pui cu migdale la gratar	104
41.	Carne de porc la gratar cu iarba de lamaie	107
42.	Inimă de vită la grătar	110
43.	„Grătar mixt" la grătar	113

ARIPI LA GRĂTAR 116

44.	Aripioare de chile la grătar	117
45.	Aripioare de pui fierbinți la grătar	119
46.	Aripioare de pui cu piper alb	121
47.	Aripioare de pui marinate cu soia	124
48.	Aripioare de pui la grătar thailandez	126
49.	Aripioare de grătar indian	129
50.	Aripioare de grătar picante	132
51.	Aripioare portocalii la grătar	135
52.	BBQ wingflingers	137
53.	Aripioare de bivol la grătar	139
54.	Aripioare de pui sifon cu lamaie-lime	141

CÂRNAȚI LA GRĂTAR 143

55.	Micul dejun bile de cârnați	144
56.	Cârnați cu ciuperci sălbatice la grătar	146
57.	Tapas cu cârnați la grătar	149
58.	Carnati la gratar	152

59.	Cârnați afumați la grătar	155
60.	Sandvișuri cu cârnați pentru micul dejun	158
61.	Cârnați polonezi la grătar	160
62.	Rulate de cârnați andouille la grătar	162
63.	Crepinete de cârnați de vânat la grătar	165
64.	Cârnați de miel marocan de casă	168
65.	Dovleac la grătar și cârnați de bere	171
66.	Cârnați la grătar în tortilla	174
67.	Sandvișuri cu cârnați la grătar	176
68.	Cârnați la grătar cu piper	179
69.	Cârnați la grătar cu muștar picant	182
70.	Cârnați la grătar și Portobello	184
71.	Cârnați la grătar cu sos	187
72.	Cârnați la grătar cu struguri	190
73.	Cârnați de pui thailandezi la grătar	192
74.	Grătar de creveți și cârnați	194
75.	Hot dog la grătar	197
76.	Hot-dogs la grătar	199
77.	Beerwursts	201

LEGUME 203

78.	Praz la gratar cu sampanie	204
79.	Shiitake la grătar pe cărbune	207
80.	Legume confetti la grătar	209
81.	Anghinare la grătar	212
82.	Cartofi la grătar cu brânză	214
83.	Pilaf de orz cu mere la gratar	216
84.	Dovlecei și dovlecei la grătar	219
85.	Fettuccine cu ciuperci stridii	222
86.	Căderea legumelor pe grătar	225
87.	Dovleac ghinda la gratar si sparanghel	227
88.	Bok Choy la grătar	230
90.	Sparanghel și roșii la grătar	234
91.	Dorada la gratar cu fenicul	236

92.	Salată din Caraibe la grătar	239
93.	Rucola și salată de legume la grătar	242
94.	Miel la grătar și salată de fasole lima	245
95.	Salată de avocado și orez	248
96.	Orez brun și legume la grătar	251
97.	Salata de mere mango cu pui la gratar	254
98.	Pui la gratar si salata de naut	257
99.	Salată de prosciutto de vită la grătar	260
100.	Pui la gratar si cartofi noi	263

CONCLUZIE 266

INTRODUCERE

Grătarul înseamnă gătit ceva pe grătar sau foc deschis, cu o sursă de căldură directă, cu capacul deschis. În proces este implicat puțin sau deloc fum și este folosit pentru lucruri care se gătesc bine la foc mediu spre mare.

Grătarul se face cu capacul închis, la o căldură scăzută, de obicei indirectă, implicând adesea fumatul ca parte a metodei de gătit. Este folosit pentru tăieturi și rosturi mai mari care beneficiază de timpi lungi de gătire și pot gestiona aroma fumului.

Sfaturi pentru grătar
A. Când gătiți fripturi, folosiți căldură mare, directă. Aceasta înseamnă timpi de gătire între 9 și 12 minute pentru o friptură medie.
B. Pentru burgeri, folosiți căldură directă medie spre mare. Aceasta înseamnă 8 până la 10 minute pentru un burger mediu.
C. Pentru carnea de porc, folosiți, căldură directă. Aceasta înseamnă că o cotlă de porc tăiată groasă va fi făcută în aproximativ 12 minute.
D. Pentru pui, folosiți căldură indirectă. Sigur, este un timp de gătit mai lung, dar asigură că puiul este gătit și îl împiedică să se usuce. Aceasta înseamnă că pieptul de pui va fi făcut în aproximativ 20-25 de minute.
E. Dacă aplicați sos, folosiți foc mediu și așteptați până la ultimele 5 minute de gătit. Sosul poate avea mult zahăr, iar zahărul arde.

F. Pentru cârnați, folosiți căldură indirectă. Deoarece cârnații au un conținut mai mare de grăsimi, acest lucru este important pentru a vă asigura că nu se arde/carbonează în timp ce se gătește complet. Aceasta înseamnă că cârnații vor fi gătiți în aproximativ 25 de minute.
G. Pentru pește, folosiți căldură mare, directă. Aceasta înseamnă că un file de somon va fi făcut în aproximativ 10 minute.
H. Nu vă perforați carnea. Aveți încredere în temperatură și timpii de gătire.
I. Nu vă împingeți carnea în jos pe grătare. Acest lucru promovează izbucniri. Erupțiile sunt periculoase. De asemenea, duc la arderea alimentelor.
J. Pentru legume, acoperiți cu ulei, întoarceți-le frecvent și evitați prea mult carbonizare.

FĂRGĂRUI

1. Pui cu caise pe frigarui

Randament: 6 porții

Ingredient

- 3 kg piept de pui dezosat, tăiat în bucăți de 4 inci
- 2 catei de usturoi, tocati Sare si piper dupa gust
- 4 Cepe moderate, tocate mărunt
- 2 linguri ulei
- 1½ linguriță coriandru
- ½ lingurita de chimion
- 1½ linguriță pudră de curry fierbinte
- 1 lingura zahar brun
- ½ cană suc proaspăt de lămâie
- 4 linguri gem de caise
- 2 linguri Faina
- 30 jumătăți de caise uscate
- 1 ceapă, tăiată în pătrate de 2 inci
- 2 frunze de dafin

Directii

a) Într-un vas mare, amestecați bucățile de pui, usturoiul, sare și piper; pus deoparte. Într-o tigaie moderată, prăjiți ceapa în ulei până devine aurie. Se amestecă coriandru, chimen și praf de curry.

b) Amestecați pentru a acoperi ceapa, apoi adăugați zahăr brun, sucul de lămâie și dulceața. Adăugați ½ cană de apă. Se aduce la fierbere, amestecând continuu. Scoateți de la căldură. Când se răcește, turnați peste pui. Adăugați foile de dafin și dați la frigider peste noapte. A doua zi, frigarui carnea cu ceapa si caise pe frigarui.

c) Gratar peste carbuni sau gratar in gratar (7 minute pe fiecare parte). În timp ce carnea face grătare, scoateți frunzele de dafin din saramură și mutați-le într-o oală grea. Se aduce la fierbere.

2. Frigarui de fructe de mare glazurate cu mere

Randament: 6 porții

Ingredient

- 1 conserve Concentrat de suc de mere congelat
- 1 lingură FIECARE unt și muștar de Dijon
- 1 ardei roșu dulce mare
- 6 segmente Bacon
- 12 scoici de mare
- 1 kg de creveți decojiți, devenați (aproximativ 36)
- 2 linguri patrunjel proaspat taiat cubulete

Directii

a) Într-o cratiță adâncă și grea, fierbeți concentratul de suc de mere la foc mare timp de 7 10 minute sau mai mult până când se reduce la aproximativ $\frac{3}{4}$ de cană. Se ia de pe foc, se amestecă untul și muștarul până se omogenizează. Pus deoparte. Tăiați ardeiul în jumătate și scoateți semințele și tulpina, tăiați ardeiul în 24 de bucăți. Tăiați segmentele de slănină în jumătate în cruce, înfășurați fiecare scoici într-o bucată de slănină.

b) frigarui ardeiul, scoicile si crevetii alternativ pe 6 frigarui. Puneți frigăruile pe grătarul uns cu ulei. Grătiți la foc moderat și mare 2-3 minute, ungeți cu glazură de suc de mere și rotind des, până când scoicile sunt opace, creveții sunt roz și piperul este fraged. Se serveste stropit cu patrunjel.

3. Frigarui de peste la gratar

Randament: 4 porții

Ingredient

- 1 kg de pește alb ferm
- 1 lingurita Sare
- 6 catei de usturoi
- 1½ inch rădăcină de ghimbir proaspăt
- 1 lingura Garam masala
- 1 lingura coriandru macinat
- 1 lingurita piper Cayenne
- 4 uncii iaurt simplu
- 1 lingura Veg. ulei
- 1 Lămâie
- 2 ardei iute verde iute

Directii

a) File și coajă peștele, apoi tăiați în cuburi de 11/2 inch. Puneți aproximativ 5 bucăți pe fiecare frigărui și stropiți cu sare.

b) Faceți o pastă din usturoi, ghimbir, condimente și iaurt și folosiți-o pentru a acoperi peștele. Lăsați câteva ore, apoi grătar.

c) Frigaruile pot fi stropite cu putin ulei in timpul fierberii, daca este necesar. Se ornează cu lămâie tăiată felii și rondele fine de ardei iute verde fără semințe.

4. Carne de vită la vin la frigărui

Randament: 4 porții

Ingredient

- 2 kg Carne de vită bună
- 2 cepe galbene, curatate de coaja si taiate in patru
- 2 ardei verzi, fără semințe
- 2 linguri ulei de masline
- 1 lingura suc de lamaie
- ¼ cană Zinfandel
- ½ lingurita oregano
- 4 frunze de dafin
- 3 catei de usturoi, macinati
- Sare si piper dupa gust

Directii

a) Tăiați carnea de vită în cuburi de 1¼ inch. Tăiați legumele în pătrate de 1 inch.

b) Pune toate ingredientele într-un vas mare de oțel inoxidabil și lasă la marinat aproximativ 2 ore, amestecând din când în când.

c) Alternați legumele și carnea pe frigărui. Prăjiți până se rumenește ușor, aproximativ 15 minute, rotind o dată în timpul procesului.

5. Frigarui de ardei dovlecei copti

Randament: 1 porție

Ingredient

- 1 ardei roșu mare, fără sămânță și tocat
- 1 ardei galben mare, desământat și tocat
- 1 ceapă dulce, tăiată felii
- 2 Dovlecei, Segmentați gros
- 2 linguri ulei de masline
- 2 catei de usturoi, curatati si macinati

Directii

a) Desă sămânțați și tăiați ardeii bucăți, apoi puneți într-un vas cu ceapa dulce, tăiată felii și dovleceii segmentați gros.

b) Amestecați uleiul de măsline și usturoiul zdrobit apoi amestecați bine. puneți ingredientele în frigărui și gătiți pe grătar timp de 10-15 minute sau până când legumele sunt fragede.

6. Grădină pe o frigărui

Randament: 6 porții

Ingredient

- 1 porumb urechi mare; coajă Scoasă, tăiată în bucăți de 2 inci
- 12 capace mari de ciuperci
- 1 ardei roșu moderat; tăiați în bucăți de 1 inch
- 1 dovlecel mic; nedecojite, tăiate în bucăți de 2 inci
- 12 roșii cherry
- ½ cană suc de lămâie
- 2 linguri Vin alb sec
- 1 lingura ulei de masline
- 1 lingurita Chimen
- 2 lingurite de arpagic proaspat tocat
- 1 lingurita patrunjel proaspat tocat
- Piper proaspăt măcinat; la gust

Directii

a) Pregătiți un grătar exterior cu un suport uns cu ulei la 6 inci deasupra sursei de căldură. Pe un grătar cu gaz, setați căldura la moderat. Dacă folosiți frigărui din lemn, înmuiați 6 dintre ele în apă caldă timp de 15 minute. Acest lucru împiedică frigăruile să ia foc în timp ce broșele se gătesc.

b) frigarui legumele pe frigarui. Se amestecă toate ingredientele rămase pentru sosul pentru ungere.

c) Broșele de legume la grătar timp de aproximativ 15 până la 20 de minute în total, ungându-le constant cu sosul, până când legumele sunt ușor prăjite.

7. Creveți tăiați cu usturoi

Randament: 4 porții

Ingredient

- 1½ kilograme de creveți Jumbo
- ½ cană ulei de usturoi
- 1 lingură Pastă de tomate
- 2 linguri otet de vin rosu
- 2 linguri busuioc proaspăt tăiat cubulețe
- Sare
- Piper proaspăt măcinat

Directii

a) Creveți cu coajă și devine. Amestecați ingredientele rămase

b) Se amestecă cu creveții și se dă la frigider 30 de minute până la o oră, amestecând ocazional.

c) Scoateți creveții, reporțiați marinata.

d) Îndoiți creveții aproape în jumătate, astfel încât capătul mare aproape să atingă capătul mai mic, apoi introduceți frigăruia chiar deasupra cozii, astfel încât să treacă prin corp de două ori.

e) Grătiți la 4-6 inci de cărbuni timp de 6-8 minute sau până când este gătit, rotindu-se frecvent și periând de două sau trei ori cu marinada rezervată.

8. Frigarui Halloumi

Randament: 1 porție

Ingredient

- 250 de grame Halloumi Segmentat în bucăți de dimensiuni mici
- 500 grame mic; cartofi noi,
- ; fiert până se înmoaie
- Sare si piper
- Ulei de masline
- Frigarui pentru gratar
- 45 mililitri ulei de măsline
- 15 mililitri oțet de vin alb
- 5 mililitri coaja de lamaie
- 15 mililitri măsline verzi; tocat mărunt
- 5 mililitri coriandru macinat
- 15 M1 frunze proaspete de coriandru; rupt
- 1 cățel de usturoi; zdrobit
- 5 mililitri de muștar integral
- Sare si piper
- 50 de grame Salată de plante proaspete

Directii

a) frigărui bucăți de Halloumi și cartofi alternativ pe frigărui.

b) Ungeți ușor cu ulei și stropiți cu sare și piper.

c) Fă grătar peste grătar până când kebab-urile sunt încălzite.

d) Între timp, amestecați toate ingredientele pentru dressing într-un borcan cu capac cu șurub.

e) Serviți kebab-urile pe un pat de salată de ierburi proaspete și turnați peste dressing-ul Readied.

9. Miel frigaruit japonez

Randament: 8 porții

Ingredient

- 2 kg de miel slab dezosat
- ¼ cană sos de soia
- 1 lingura Miere
- 2 linguri de otet
- 2 linguri Sherry
- 2 catei de usturoi
- ¼ linguriță de ghimbir măcinat
- 1½ cană Bouillon

Directii

a) Înainte de gătit: Tăiați mielul în fâșii care au o grosime de ⅛ inch, lățime de ½ inch și lungime de 3 inci peste bob

b) Amestecați ingredientele rămase (zdrobiți usturoiul cu o presă de usturoi) și turnați amestecul peste carne. Întoarceți carnea pentru a o acoperi bine și lăsați-o să se odihnească descoperită timp de 1 oră la temperatura camerei - sau acoperită peste noapte la frigider. Întoarceți carnea din când în când, astfel încât să fie asezonată uniform. Țesiți carnea pe frigărui.

c) Prăjiți-le la aproximativ 4 inci de sursa de căldură timp de aproximativ 2 minute pe fiecare parte.

10. Carne de soi frigaruita

Randament: 6 porții

Ingredient

- 250 grame turte de miel
- Apă
- 1½ Lămâi
- 500 de grame inimioare de miel
- 2 rinichi de miel
- 1 ceapa mica; răzuit
- 2 lămâi (doar suc)
- ½ cană ulei de măsline
- 3 frunze de dafin; fiecare in 3 bucati
- 1 lingurita oregano uscat
- 2 linguri patrunjel taiat cubulete
- 1 lingurita Sare
- Piper negru proaspăt măcinat
- Înveliș pentru cârnați

Directii

a) Clătiți turtele, puneți într-o tigaie și acoperiți cu apă. Adăugați suc de ½ lămâie. Se aduce la fierbere, apoi se scurge. Puneți ficatul, inima și rinichii tăiați în jumătate într-un vas cu apă rece pentru a acoperi și adăugați sucul de la 1 lămâie.

b) Înmuiați timp de 30 de minute, apoi scurgeți. Scoateți pielea din ficat și tăiați tuburile mai mari din ficat și inimă; tăiați miezul gras din rinichi. Tăiați carnea și turșele în bucăți de 3 cm (1-$\frac{1}{4}$ inch) și puneți-le într-un vas de sticlă sau ceramică.

c) Se amestecă Ingrediente de saramură și se toarnă peste carnea gata. Se acoperă și se lasă la frigider pentru cel puțin 2 ore. Puneți cojile de cârnați în apă rece și lăsați la macerat în acest timp. frigarui carnea alternativ pe 6 frigarui, adaugand cate 2 bucati de dafin in fiecare frigaruie dintre carne.

d) Scurgeți cojile de cârnați și înfășurați o lungime de corp în jurul cărnii pe fiecare frigărui, inserând capetele pentru a menține cojile la loc.

e) Grătiți încet peste cărbune strălucitor, rotind frigaruile frecvent și periând kokoretsi ocazional cu marinată. Gătiți timp de 15 până la 20 de minute, ajustând înălțimea grilei sau deplasând frigăruile în partea mai rece a focului, astfel încât kokoretsi să se gătească încet. Se serveste fierbinte.

11. Frigarui de scoici Piri piri

Randament: 4 porții

Ingredient

- 1½ cană ulei de măsline
- 4 ardei jalapeno proaspeți; tocat
- 2 ardei poblano proaspeți; tocat
- 1 lingura ardei rosu macinat
- 1 lingurita Sare
- 1 lingurita piper negru proaspat macinat
- 1 lingura de usturoi tocat
- 12 scoici proaspete; curățate
- 2 căni de salsa de mango și ardei la grătar
- Crengute proaspete de coriandru

Directii

a) Încinge grătarul. Amestecă toate ingredientele, cu excepția usturoiului, într-o cratiță la foc mare. Gatiti amestecand, timp de 4 minute. Se amestecă usturoiul și se ia de pe foc.

b) Răciți amestecul. Turnați amestecul într-un robot de bucătărie. Pasează amestecul până la omogenizare. Dați sosul la frigider timp de 7 zile. Pune 4 scoici pe fiecare frigarui.

c) Marinați frigăruile în Piri Piri timp de 1 oră. Puneți frigăruile pe un grătar încins și gătiți timp de 3 până la 4 minute pe fiecare parte. Ungeți frigăruile cu sos, din când în când.

d) Montați salsa în mijlocul farfurii. Puneți frigăruile direct deasupra salsa. Ornați cu crenguțe proaspete de coriandru.

12. Ciuperci Portabella și ardei

Randament: 9 aperitive

Ingredient

- 2 ciuperci portabella mari (1/4 lb. total).
- 1 lingura ulei de masline
- 1 catel de usturoi, Segmentat
- 1 ardei verde dulce moderat
- 1 ardei roșu dulce moderat
- 1 ardei galben dulce moderat
- $\frac{1}{4}$ lingurita Sare
- 16 crengute de 4 inci rozmarin proaspăt
- 1 lingura otet balsamic

Directii

a) Scoateți și aruncați tulpinile din ciuperci. Clătiți foarte încet ciupercile, asigurându-vă că îndepărtați orice murdărie de pe branhii; se scurge bine pe prosoape de hârtie. Tăiați fiecare ciupercă în opt pătrate de $\frac{1}{4}$ până la 1 inch.

b) Într-o grătar mare, încălziți 1$\frac{1}{2}$ l de ulei de măsline. Adăugați bucăți de ciuperci și usturoi. Gătiți, rotind ocazional cu spatula, până când se înmoaie și se rumenesc ușor aproximativ 6 până la 8 minute.

c) Între timp, ardeii tăiați în jumătate; Scoateți și aruncați tulpinile, semințele și coastele. Tăiați șaisprezece bucăți pătrate de 1 inch din fiecare ardei. Înveliți și puneți la frigider restul de ardei pentru o altă utilizare.

d) Cu o spatulă cu fante, mutați bucățile de ciuperci din grătar în farfurie pentru a se răci ușor; aruncați usturoiul.

e) Adăugați uleiul de măsline rămas și bucățile de ardei pe grătar. Prăjiți ardeii până se rumenesc ușor - aproximativ 5 minute. Trans pentru bucatele de ardei pe farfurie cu ciuperci. stropiți ciupercile și ardeii cu sare.

f) Cu un cuțit, răzuiți frunzele de jos 1 ½ inch de crengute de rozmarin. Cu un tester de tort sau o scobitoare, faceți o gaură în mijlocul fiecărei bucăți de ciuperci și ardei. puneți o bucată din fiecare piper de culoare și o bucată de ciupercă pe fiecare crenguță de rozmarin. Aranjați pe tava de copt cu ramă.

g) Chiar înainte de porție, încălziți grătarul la 375'F. Coaceți frigaruile 10 minute sau mai mult, până când se încălzesc. Pentru a servi, aranjați pe tabla de porții și stropiți cu oțet.

13. Frigarui de cartofi rosii

Randament: 6 porții

Ingredient

- 2 kilograme de cartofi roșii
- ½ cană apă
- ½ cană maioneză
- ¼ cană supă de pui
- 2 lingurite de oregano uscat
- ½ linguriță pudră de usturoi
- ½ linguriță praf de ceapă

Directii

a) Puneți cartofii într-un cuptor neuns, care poate fi folosit la microunde, de 2 Qt. farfurie. Se acopera si se pune la microunde la foc mare timp de 12-14 minute, amestecand o data si apoi scurgand.

b) Se amestecă ingredientele rămase într-un vas; adăugați cartofi. Acoperiți și lăsați la frigider pentru 1 oră. Scurgeți, reporționați marinata. frigarui cartofi pe metal sau frigarui de bambus inmuiate cu apa. Grătiți, neacoperit, la foc moderat timp de 4 minute, întoarceți, ungeți cu marinada rezervată și mai grăbiți încă 4 minute.

14. Scoici la frigarui

Randament: 1 porție

Ingredient

- 1 kilogram de scoici
- 12 ciuperci
- 12 roșii cherry
- 2 dovlecei mici, tăiați în treimi
- ⅓ cană unt topit
- 1 lingurita sos Worcestershire
- 2 lingurițe suc proaspăt de lămâie
- ⅛ linguriță de piper
- 1 lingura sos de soia
- 1 lingura patrunjel taiat cubulete
- 3 căni de orez fierbinte

Directii

a) Alternați scoici, ciuperci și roșii pe 6 frigărui; adăugați o bucată de dovlecel la capătul fiecărei broșe. Se amestecă ingredientele rămase; ungeți broșele. Grătar la 3" de cărbuni, ungeți cu sos până când este gata. Sau grătar, rotind o dată. Serviți pe paturi fierbinți de orez.

15. Tofu frigaruit in marinata de portocale

Randament: 4 porții

Ingredient

- 1 kg tofu ferm, scurs
- 16 ciuperci Shiitake moderate
- 1 ridiche mare Daikon
- 1 fiecare Head bok choy
- $\frac{1}{2}$ cană sos de soia
- $\frac{1}{2}$ cană suc de portocale
- 2 linguri otet de orez
- 2 linguri ulei de arahide
- 1 lingură ulei de susan închis
- 2 linguri Ghimbir proaspăt, tocat
- $\frac{1}{4}$ de linguriță de ardei iute, tocat

Directii

a) Se amestecă toate ingredientele de saramură și se amestecă pentru a se emulsiona.

b) Segmentați tortul cu tofu în jumătate și marinați la temperatura camerei timp de 1 oră sau mai mult la frigider. Întoarceți-vă frecvent.

c) Spălați și tăiați ciupercile. Frecați și tăiați daikonul și segmentați-le în bucăți groase de 1 inch. Separați frunzele de bok choy, clătiți-le și uscați-le.

d) Pus deoparte. Segmentați tulpinile albe în bucăți groase de 1 inch. Marinați ciupercile, daikon și tulpinile de bok choy timp de 15 minute. Segmentați tofu în cuburi de 1 inch.

e) Ungeți frunzele de bok choy cu marinată. Pentru a înghesui frunzele, suprapuneți părțile laterale ale fiecărei frunze spre mijloc și rulați frunza, începând de sus. înghesuiți pachetul de frunze pe frigărui de lemn alternativ cu ciupercile, tofu, daikon și tulpina de bok choy.

f) Pe un grătar închis, prăjiți frigăruile timp de 12 până la 15 minute, rotindu-le pentru a găti toate părțile.

16. Frigarui de pui in stil Yucatan

Randament: 4 porții

Ingredient

- 9 fără piele și fără os: pulpe de pui
- 1 c Marinada Yucatan
- 1 jicama
- 36 frigarui de 6 inch
- 2 c Salsa Tomatillo cu papaya

Directii

a) Frecați saramura în pulpele de pui. Acoperiți puiul și lăsați-l la frigider pentru 4 pană la 6 ore sau peste noapte. Pregătiți un foc de lemne sau cărbune și lăsați-l să ardă până la jar.

b) frigarui fiecare bucata de pui in 2 frigarui astfel incat carnea sa ramana plata pe gratar. Prăjiți timp de aproximativ 4 minute pe fiecare parte sau până când este gata după gust

c) Serviți cu salsa de papaya Tomatillo.

17. Fâșii de vită teriyaki

Ingrediente
- Grătar londonez - Segmentat în fâșii subțiri, ca și cum ați face sacadat
- 1 sticla de sos teriyaki

Directii
a) Marinați fâșiile de vită în sosul teriyaki pentru cel puțin 1 oră sau până la 24 de ore într-o pungă mare Ziploc.
b) Când sunteți gata să mâncați, porniți grătarul și lăsați fâșiile să se gătească până când sunt gata - aproximativ 5 până la 10 minute sau cam așa ceva.
c) Puteți folosi un coș de grătar sau puteți să vă înghesuiți carnea pe frigărui de bambus înainte de a le sărați.

18. Broșe de foc

Ingredient
- 4 conserve bucăți de ananas
- 2 conserve supă de roșii condensată
- 1/2 cană ulei de măsline
- 2 linguri praf de chili
- 2 lbs. bologna, suprapuse în sferturi
- 2 ardei verzi, tăiați în pătrate de 1 inch
- 1 pachet chifle frankfurter, împărțite
- 8 frigarui mari de lemn

Directii
a) Scurgeți ananasul. Rezervați 1/2 cană de suc
b) Într-o oală moderată, amestecați supa, sucul de ananas rezervat, uleiul de măsline și pudra de chili.
c) Se încălzește, amestecând din când în când
d) Pe frigarui, aranjati alternativ bologna, ardei verde si ananas. Grătar la 4 inci deasupra cărbunilor.
e) Se unge cu sos. Gatiti 8 minute sau pana se fierbe, ungendu-se frecvent cu sos. Serviți pe chifle cu sosul rămas.

19. Frigarui de pui in stil grecesc

Ingredient

- 4 piept de pui dezosați, fără piele, tăiați în bucăți
- 2 linguri (30 ml) ulei de măsline
- 2 linguri (30 ml) suc de lamaie
- 2 lingurițe (10 ml) oregano uscat
- 1 lingurita (5 ml) coaja de lamaie rasa fin
- 3/4 linguriță (4 ml) fiecare sare și piper
- 1/2 lingurita (2 ml) boia macinata
- 6 catei de usturoi, tocati
- Sos tzatziki

Directii

a) Amestecați uleiul cu zeama de lămâie, oregano, coaja de lămâie, sare, piper, boia de ardei și usturoi într-un vas mare. Adăugați puiul și amestecați pentru a acoperi. frigarui puiul pe frigarui de lemn de 8 inchi (20 cm).

b) Porniți grătarul. Selectați programul și apăsați. Ungeți ușor plăcile de gătit cu spray de gătit. Odată ce indicatorul luminos violet a încetat să mai clipească, puneți frigăruile pe grătar și închideți capacul.

c) Gatiti, in loturi, pana cand indicatorul s-a schimbat in rosu. Servesc frigaruile de pui cu sos Tzatziki in lateral.

20. Kebab teriyaki cu friptură și ciuperci

Ingredient

- 1 lb. (500 g) friptură dezosată la alegere
- 12 ciuperci mici întregi, tulpini scoase
- 1/2 ardei ardei roșii, tăiate în bucăți
- 1/2 ceapă roșie mică, tăiată în bucăți
- 1/3 cană (75 ml) miere
- 1/4 cană (50 ml) sos de soia cu conținut scăzut de sodiu
- 2 linguri (30 ml) oțet de vin de orez
- 6 catei de usturoi, tocati
- 2 lingurițe (10 ml) făină de porumb
- Miere

Directii

a) Bateți mierea cu sosul de soia, oțetul și usturoiul într-un vas mare; Treceți o jumătate într-un vas sigur pentru cuptorul cu microunde și puneți deoparte. Amestecați friptura, ciupercile, ardeiul roșu și ceapa cu amestecul de miere rămas până când se îmbină uniform.

b) Așezați alternativ friptura și legumele în patru frigărui de lemn de 12 inchi (30 cm).

c) Porniți grătarul. Selectați programul și apăsați. Ungeți ușor plăcile de gătit cu spray de gătit. Odată ce indicatorul luminos violet a încetat să mai clipească, așezați kebab-urile pe grătar și închideți capacul.

d) Gătiți timp de 6 până la 8 minute sau până când legumele sunt fragede și carnea de vită este gătită la nivelul dorit.

e) Între timp, amestecați făina de porumb în amestecul de miere rezervat. Puneți la microunde, la putere mare, amestecând o dată, timp de 60 de secunde sau până la grosime și luciu; ungeți uniform kebab-urile chiar înainte de porție.

21.Frigarui de ficat de vitel cu panceta

FACE 4 porții

Ingredient:

- 1 kilogram de ficat de vițel
- 16 segmente subțiri panceta
- 16 frunze mici de salvie
- 8 cepe mici Cipollini, curatate de coaja
- 4 frigarui din bambus sau metal
- 2 linguri ulei de masline
- ¾ linguriță sare kosher
- ¾ lingurita piper negru macinat
- 1 cană Madeira uscată sau Marsala
- 2 linguri de otet balsamic
- ¾ cană conserve de piersici
- 3 linguri de unt rece nesarat, taiat bucatele

Directii

a) Dacă gătiți la grătar cu frigărui de bambus, înmuiați-le în apă timp de cel puțin 30 de minute.
b) Dacă ficatul are încă membrana exterioară subțire, scoateți-o. Tăiați ficatul în bucăți de aproximativ 1 pe 2 inci, îndepărtând și aruncând orice vene. Înfășurați fiecare bucată de ficat într-un segment de pancetta, înfipând o frunză mică de salvie în timp ce înfășurați. înghesuiți bucățile de ficat și cipollina alternativ pe frigărui, înfieruând cipollina prin capete, astfel încât părțile laterale să se sprijine pe grătar.
c) Se unge peste tot cu ulei si se stropeste cu ½ lingurita de sare si piper. Lăsați să se odihnească până când grătarul este gata.
d) Aprindeți un grătar pentru căldură moderată directă, aproximativ 375¼F.
e) Pe măsură ce grătarul se încălzește, turnați Madeira și balsamul într-o cratiță mică și aduceți la fierbere la foc mare.

Se fierbe până când lichidul scade la jumătate, 5 până la 8 minute.

f) Reduceți focul la mic, adăugați conservele și fierbeți timp de 1 minut. Se amestecă untul și se condimentează cu restul de $\frac{1}{4}$ de linguriță de sare și încă un praf de piper. Păstrați cald.

g) Ungeți grătarul și ungeți-l cu ulei. Frigaruile la gratar direct la foc pana ce ceapa este frageda si ficatul este frumos rumenit, dar inca roz in interior, aproximativ 4-5 minute pe fiecare parte. Serviți cu sosul.

22. Frigarui de mahi-mahi cu unt de fructe de mare

FACE 4 porții

Ingredient:
- 4 frigarui din bambus sau metal
- ¾ cană ulei de măsline
- 1 lingura ulei de susan prajit Coaja si suc de lamaie
- 1 lingura patrunjel proaspat taiat cubulete
- ¾ lingurita sare grunjoasa
- ¾ linguriță piper negru măcinat
- 2 kilograme de fripturi mahi-mahi fără piele sau file groase, tăiate în cuburi de 1 inch
- 1 lămâie, tăiată în 8 felii
- 16 roșii cherry sau struguri
- 6 fâșii de slănină, de preferință afumată cu lemn de mere, tăiate în lungimi de 3 inci
- ¾ cană unt cu fructe de mare

Directii
a) Amestecați uleiul de măsline, uleiul de susan, coaja de lămâie, sucul de lămâie, pătrunjelul, sare și piper negru într-o pungă de 1 galon cu fermoar. Adăugați mahi-mahi, presă aerul și sigilați punga. Dați la frigider până la 12 ore.
b) Dacă gătiți la grătar cu frigărui de bambus, înmuiați-le în apă timp de cel puțin 30 de minute.
c) Aprindeți un grătar pentru căldură moderată directă, aproximativ 400¼F. frigărui felii de lămâie, roșiile și cuburi de mahi-mahi alternativ pe frigărui, folosind aproximativ 2 bucăți din fiecare per frigărui.
d) Pentru mahi-mahi, înfășurați fiecare cub pe trei părți cu o bucată de slănină și treceți prin capetele slănii pentru a o fixa. Pune deoparte o parte din untul de fructe de mare pentru porție și unge frigăruile cu restul.

e) Ungeți grătarul și ungeți-l cu ulei. Frigăruile la grătar direct la căldură până când peștele pare opac la suprafață, dar este încă peliculoasă și umed la mijloc (130$\frac{1}{4}$F pe un termometru cu citire instantanee).

f) Stropiți cu untul de fructe de mare rezervat și serviți cu felii de lămâie la grătar pentru stoarcere.

23. Coada de homarcu fructe tropicale la gratar

FACE 4 porții

Ingredient:
- 4 frigarui din bambus sau metal
- ¾ ananas auriu, curățat de coajă, fără miez și tăiat în felii de 1 inch
- 2 banane, decojite și tăiate transversal în opt bucăți de 1 inch
- 1 mango, decojit, fără sâmburi și tăiat în cuburi de 1 inch
- 4 homari de stâncă sau cozi mari de homar din Maine (8 până la 10 uncii fiecare), decongelate dacă sunt congelate
- ¾ cană Glazură dulce de soia
- cană de unt, topit
- 4 felii de lime

Directii
a) Dacă gătiți la grătar cu frigărui de bambus, înmuiați-le în apă timp de cel puțin 30 de minute. Aprindeți un grătar pentru căldură moderată directă, aproximativ 350¼F.
b) Așezați alternativ bucățile de ananas, banană și mango pe frigărui, folosind aproximativ 2 bucăți din fiecare fruct per frigărui.
c) Fluture cozile homarului împărțind fiecare coadă pe lungime prin coaja superioară rotunjită și prin carne, lăsând intactă coaja cu fundul plat. Dacă coaja este foarte tare, folosiți foarfece de bucătărie pentru a tăia coaja rotunjită și un cuțit pentru a tăia carnea.
d) Deschideți ușor coada pentru a expune carnea.
e) Ungeți ușor glazura de soia peste frigăruile de fructe și carnea de homar. Ungeți grătarul și ungeți-l cu ulei. Puneți cozile homarului, cu carnea în jos, direct pe foc și puneți la grătar până când sunt bine marcate la grătar, 3 până la 4 minute. Apăsați cozile pe grătarul grătarului cu o spatulă sau clești pentru a ajuta la prăjirea cărnii. Întoarceți și grătar

până când carnea devine fermă și albă, ungeți cu glazură de soia, încă 5 până la 7 minute.

f) Între timp, frigăruile de fructe la grătar alături de homar până când sunt bine marcate la grătar, aproximativ 3 până la 4 minute pe fiecare parte.

g) Serviți cu untul topit și felii de lime pentru stoarcere.

24. Kebab de porc tropical

Porții: 8

Ingredient
- 8 frigarui din lemn sau metal
- 2 kg muschi de porc, tăiat în bucăți de 1 inch
- 2 ardei gras roșii mari, fără miez, curățați și tăiați în 8 bucăți fiecare
- 1 ardei gras verde mare, fără miez, curățat și tăiat în 8 bucăți
- 1/2 ananas proaspăt, tăiat în 4 segmente apoi în felii de 1/4 inch
- 1/2 cană miere
- 1/2 cană suc de lămâie
- 2 lingurite coaja de lime rasa
- 3 catei de usturoi, tocati
- 1/4 cană de muștar galben
- 1 lingurita sare
- 1/4 lingurita piper negru

Directii

a) Dacă folosiți frigărui de lemn, înmuiați-le în apă timp de 15 până la 20 de minute. Alternativ, frigărui fiecare frigărui cu bucăți de porc, 2 bucăți de ardei roșu, 1 bucată de ardei verde și 2 felii de ananas.

b) Într-o tavă de copt de 9" x 13", amestecați miere, sucul de lămâie, coajă de lămâie rasă, usturoi, muștar galben, sare și piper negru; amesteca bine. Puneți kebab-urile în tava de copt și rotiți-le pentru a le acoperi cu marinată. Acoperiți și lăsați la frigider pentru cel puțin 4 ore sau peste noapte, rotind ocazional.

c) Încălziți grătarul la foc moderat-mare. Ungeți kebaburile cu marinată; aruncați excesul de marinată. Grătiți kebab-urile timp de 7 până la 9 minute sau până când carnea de porc nu mai este roz, rotindu-se frecvent pentru a găti pe toate părțile.

25. Pui asiatic la frigarui

Porții: 4

Ingredient
- 6 până la 8 frigărui din lemn sau metal
- 1/4 cană sos de soia
- 3 linguri de vin alb sec
- 3 linguri suc de lamaie
- 2 linguri ulei vegetal
- 1/2 lingurita de ghimbir macinat
- 1/2 lingurita praf de usturoi
- 1/4 lingurita praf de ceapa
- Strop de piper
- 6 jumătăți de piept de pui dezosate și fără piele (aproximativ 1-1/2 kilograme), tăiate în 1-1/2 bucăți

Directii
a) Încălziți grătarul la foc moderat-mare. Dacă folosiți frigărui de lemn, înmuiați-le în apă timp de 15 până la 20 de minute.
b) Într-un vas moderat, amestecați toate ingredientele principale, cu excepția puiului (și a frigăruilor) și amestecați bine. Adăugați bucăți de pui, acoperiți și marinați 20 până la 30 de minute la frigider.
c) Împărțiți puiul în 6 până la 8 cantități egale și puneți bucăți pe frigărui. Prăjiți 5 până la 7 minute sau până când puiul este gătit și nu rămâne roz, rotind puiul la jumătatea pregătirii.

26. Teancă de pui la grătar

Porții: 4

Ingredient
- 8 uncii (1/2 pungă de 16 uncii) salată de varză măruntită
- 1 cutie (8 uncii) bucăți de ananas, scurse
- 1/2 cană sos salată de varză
- 1 cană sos grătar
- 1/2 lingurita sos de ardei iute
- 1/2 lingurita sare
- 4 piept de pui dezosați și fără piele
- 4 chifle de hamburger

Directii
a) Într-un vas mare, amestecați salata de varză, ananasul și dressingul; amestecați bine și lăsați deoparte.
b) Într-un fel de mâncare moderată, amestecați sosul grătar și sosul iute. Stropiți uniform pe ambele părți ale puiului cu sare, apoi ungeți cu amestecul de sos.
c) Prăjiți pieptul de pui 10 până la 13 minute sau până când nu mai rămâne roz și sucurile curg limpede, rotindu-se frecvent și, în primele 5 minute, ungeți-i de fiecare dată cu sos grătar.
d) Așezați puiul pe chifle, acoperiți cu salată de varză și serviți.

27. Broșe lipicioase de cârnați dulci

Porți 12

Ingredient
- frigarui aromate
- 4 linguri miere
- 1 lingură muștar cu miere 1 linguriță sos de soia
- 1 lingură Tree Little Pig's All Purpose BBQ Rub
- 24 cârnați italieni dulci
- 8 eșalote mari, decojite și tăiate în jumătate pe lungime
- 1 ardei gras rosu, taiat in bucati de 1 inch 1 dovlecel, taiat in rondele de 1/2 inch
- 1 morcov mare, decojit și segmentat în rondele de 1/4 inch grosime

Directii
a) Încălziți grătarul pentru căldură moderată-mare. Înmuiați opt frigărui de lemn în apă pentru a preveni arderea la grătar.
b) Amestecați mierea, muștarul, sosul de soia și BBQ Rub într-un vas mare. Adăugați cârnați, eșalotă, ardei roșu, dovlecei și morcovi într-un vas mare și amestecați bine pentru a acoperi. puneți cârnați, eșalotă, ardei roșu, dovlecei și morcovi pe frigărui.
c) Gătiți frigăruile pe grătarul Readied până când cârnații sunt maro uniform și legumele sunt fragede

28. Cârnați la grătar și tortilla de muștar

Ingredient
- 1 lb. Cârnați italieni caldi sau dulce sau chorizo spaniol
- 1 c Vin roșu consistent
- 9 tortilla de făină de 8 inchi sau de porumb de 6 inci
- Mustar cu miere

Directii

a) Puneți cârnații într-un singur strat într-o grătar de 9 inchi. Se toarnă vinul peste cârnați. Se aduce la fiert. Reduceți căldura, acoperiți parțial și fierbeți până când cârnații sunt gătiți, rotindu-se frecvent, aproximativ 12 minute. Scoateți cârnații din tigaie și răciți puțin. Aruncați lichidul.

b) Gratar gata (caldura moderata-mare). Tăiați cârnații în segmente de 1/2 inch. Segmentele de frigarui pe frigarui lungi de metal, folosind 3 pana la 4 frigarui. Tăiați tortilla în sferturi și înfășurați în folie. Așezați tortillas pe partea laterală a grătarului pentru a se încălzi. Prăjiți cârnații până când sunt încălziți și prăjiți pe toate părțile, aproximativ 5 minute. Scoateți cârnații din frigărui și puneți în vasul de porție. Servește cârnații cu tortilla și muștar.

29. Friptura de piper pe un bat

Ingredient
- 1½ până la 2 kilograme friptură, tăiată
- 1 lingură muștar uscat
- ½ cană oțet de vin roșu
- 1 lingurita sare
- ½ cană suc de struguri albi sau de mere
- 1 cană ulei de măsline
- ¼ cană ceapă, tăiată mărunt
- 6 cepe cu bulb mic-moderat
- 1 lingura de salvie uscata frecata
- 2 ardei gras, taiati in patru
- 1 lingura piper negru proaspat macinat
- 6 frigarui lungi din metal sau lemn
- 1 lingura coriandru macinat

Directii
a) Încinge grătarul la foc moderat. Într-un vas de sticlă, puneți friptura. Într-un alt fel de mâncare, amestecați oțetul de vin, sucul, ceapa tăiată cubulețe, salvie, piper, coriandru, muștar uscat, sare și ulei de măsline.
b) Se toarna peste friptura si se intoarce pentru a se acoperi cu marinata. Țineți înapoi ½ cană de saramură pentru a unge friptura în timp ce gătiți. Acoperiți, puneți la frigider (sau ladă cu gheață) și marinați cel puțin 1 oră.
c) Scoateți friptura din marinată, tăiată în 6 porții. Aruncă saramură, cu excepția a ½ cană pe care ai reținut-o. Dacă folosiți frigărui de lemn, înmuiați în apă timp de aproximativ 15 minute înainte de utilizare. frigărui carnea pe frigarui lungi, țesând carnea în jurul cepei și ardeilor tăiați în sferturi.
d) Grătiți 12 până la 15 minute, rotind pentru a găti toate părțile. Ungeți carnea cu saramură rezervată în timp ce se gătește. Face 6 porții.

30. Pui Ramjam

Ingredient

- 1/4 cană sos de soia 1 linguriță rădăcină de ghimbir proaspăt rasă
- 3 linguri de vin alb sec 1 catel de usturoi, zdrobit
- 2 linguri suc de lamaie 1/4 lingurita praf de ceapa
- 2 linguri ulei vegetal 1 praf piper negru macinat
- 3/4 linguriță condiment uscat în stil italian 8 jumătăți de piept de pui fără piele și dezosat - tăiate fâșii

Directii

a) Într-o pungă de plastic mare, resigilabilă, amestecați sosul de soia, vinul, sucul de lămâie, uleiul, condimentele în stil italian, ghimbirul, usturoiul, praf de ceapă și piper negru măcinat. Pune puiul în pungă.

b) Sigilați și lăsați la marinat la frigider sau la rece pentru cel puțin 3 ore sau peste noapte... cu cât mai mult, cu atât mai bine! Cu cât îl lași mai mult la marinat, cu atât aroma este mai intensă.

c) Încingeți un grătar în aer liber pentru căldură moderată-mare și ungeți ușor grătarul. puneți puiul pe frigărui și lăsați deoparte. Se toarnă saramură într-o cratiță mică și se aduce la fierbere la foc mare.

d) Gătiți puiul pe grătarul Readied timp de aproximativ 5 minute pe fiecare parte, ungeți cu sosul de mai multe ori. Puiul este gata când nu mai este roz și sucurile curg limpede.

31. Shish kebab

Ingredient

- 1 lb. Carne, cuburi
- 2 Cepe, tăiate în sferturi
- 1 conserve Bucăți de ananas 1 ardei verzi, segmentate
- 1/2 lb. Ciuperci, sare întreagă
- 10 rosii cherry ardei

Directii

a) Alternați bucăți de legume și carne pe o frigărui
b) Dacă nu aveți frigărui, acestea pot fi făcute din ramuri de lemn verde de aproximativ 1/4 - 1/3" grosime, sârmă dintr-un cuier (cu vopsea scoasă) sau o lungime de sârmă (formă bucle la capete când alimentele sunt la locul lor pentru o manipulare ușoară).
c) Ungeți cu sos BBQ, dressing italian pentru salată sau unt aromat, dacă doriți. Gătiți peste cărbuni încinși până când este gata, aproximativ 15 până la 20 de minute, în funcție de tipul de carne folosit.

32. Fajitas de friptură

Ingredient

- 4 linguri. ulei de măsline extravirgin 1 lb. friptură de fustă sau de flanc
- 1 lingurita. chimen măcinat 2 ardei, tăiați în 2 inchi. bucăți
- 1 lingurita. pudră de chili 1 ceapă roșie, tăiată felii
- 4 căței de usturoi, zdrobiți tortilla cu făină
- Sucul unui lime

Directii

a) Acasă: Se amestecă ulei de măsline, chimen, praf de chili, usturoi, suc de lămâie, sare și piper. Folosiți-l pentru a marina separat friptura și legumele în pungi de plastic sigilabile. Chill. (Poate dori să congelați friptura și să o împachetați congelată).
b) Dezghețați friptura, dacă este necesar. Încălziți grătarul
c) puneți carnea, ardeii și ceapa pe frigărui, alternând pe măsură ce mergeți. Grătiți frigaruile, rotindu-le frecvent, timp de 5 până la 8 minute.

33. Broșe de friptură teriyaki

Ingredient

- 2 lbs. friptura de muschi, taiata in cuburi de 1 inch
- 16 ciuperci mici
- 16 roșii cherry
- 1 ardei rosu
- 1 ardei verde
- 1 ceapă roșie mare, tăiată în bucăți de 1 inch
- Marinada Teriyaki
- 8 frigarui din lemn sau bambus

Directii

a) Puneți cuburile de friptură în jumătate din marinată, acoperiți și dați la frigider 30-60 de minute. Înmuiați frigăruile de lemn sau de bambus în apă. Încălziți grătarul astfel încât pietrele arse să fie fierbinți sau cărbunii gata.

b) frigărui carnea marinată și legumele alternativ pe două frigărui paralele (pentru a menține bucățile la loc atunci când kebab-urile sunt întoarse). Lasă puțin spațiu între articole pentru a permite gătirea completă

c) Înmuiați sau periați kebaburile asamblate cu marinada rămasă, apoi puneți-le pe grătar. Puneți o bandă de folie de aluminiu sub capetele expuse ale frigărui pentru a preveni arderea.

d) Se fierbe pe gratarul deschis 4-5 minute pe fiecare parte, apoi se serveste cu garnituri.

34. creveți busuioc

Ingredient
- 2 1/2 linguri ulei de masline 3 catei de usturoi, tocati
- 1/4 cană unt, sare topită după gust
- 1 1/2 lămâi, suc 1 praf de piper alb
- 3 linguri muștar gata cu granule grosiere 3 kg de creveți proaspeți, curățați și devenați
- 4 uncii busuioc proaspăt tocat

Directii

a) Într-un vas sau vas de mică adâncime, neporos, amestecați uleiul de măsline și untul topit. Se amestecă apoi sucul de lămâie, muștarul, busuiocul și usturoiul și se condimentează cu sare și piper alb. Adăugați creveții și amestecați pentru a acoperi.

b) Acoperiți și puneți la frigider sau la rece timp de 1 oră. Încinge grătarul la foc mare.

c) Scoateți creveții din marinată și puneți-le pe frigărui. Ungeți ușor grătarul și aranjați frigăruile pe grătar. Gatiti timp de 4 minute, rotind o data, pana se termina.

35. Seitan la gratar si brochete de legume

Face 4 porții

Ingredient
- ¹/3 cană oțet balsamic
- 2 linguri ulei de masline
- 1 lingura oregano proaspat tocat
- 2 catei de usturoi, tocati
- ¹/2 linguriță sare
- ¹/4 linguriță piper negru proaspăt măcinat
- Seitan de 1 kilogram
- 7 uncii ciuperci albe mici, ușor clătite
- 2 dovlecei mici, tăiați în bucăți de 1 inch
- 1 ardei gras galben moderat, tăiat în pătrate de 1 inch
- roșii cherry coapte

Directii
a) Într-un vas moderat, amestecați oțetul, uleiul, oregano, cimbru, usturoi, sare și piper negru. Adăugați seitanul, ciupercile, dovlecelul, ardeiul gras și roșiile, rotind pentru a se acoperi.
b) Marinați la temperatura camerei timp de 30 de minute, rotind ocazional. Scurgeti seitanul si legumele, reportionati marinada.
c) Încinge grătarul.
d) Puneți seitanul, ciupercile și roșiile pe frigărui.
e) Puneți frigăruile pe grătarul fierbinte și gătiți, rotind broșele o dată la jumătatea grătarului, aproximativ 10 minute în total. stropiți cu o cantitate mică de saramură rezervată și serviți imediat.

36. Frigarui de legume la gratar cu sos de mop

Face 4 porții

Ingredient
- ½ cană cafea neagră tare
- ¼ cană sos de soia
- ½ cană de ketchup
- 2 linguri ulei de masline
- 1 lingurita sos iute
- 1 lingurita zahar
- ¼ linguriță sare
- ¼ linguriță piper negru proaspăt măcinat
- 1 ardei gras roșu sau galben mare, tăiat în bucăți de 11/2 inch
- 2 dovlecei mici, tăiați în bucăți de 1 inch
- 8 uncii de ciuperci albe mici, proaspete, clătite ușor și uscate
- 6 eșalote moderate, tăiate la jumătate pe lungime
- 12 roșii cherry coapte

Directii
a) Într-o cratiță mică, amestecați cafeaua, sosul de soia, ketchup-ul, uleiul, sosul iute, zahărul, sarea și piperul negru. Se fierbe timp de 20 de minute, apoi se ține la cald la foc foarte mic.
b) Puneți ardeiul gras, dovleceii, ciupercile, șoapele și roșiile cherry pe frigărui și aranjați-le într-un vas de copt puțin adânc. Se toarnă aproximativ jumătate din sosul de mop peste legumele frigăruite și se lasă la marinat la temperatura camerei timp de 20 de minute. Încinge grătarul.
c) Scoateți legumele frigăruite din tigaie, reporționați marinada. Asezati frigaruile pe gratar direct peste sursa de caldura.

d) Prăjiți până când legumele sunt rumenite și fragede, rotindu-le o dată la jumătate, aproximativ 10 minute în total. Treceți pe un platou și puneți cu lingura sosul rămas peste tot. Serviți imediat.
e) Așezați legumele frigăruite pe o tigaie pentru grătar și puneți-le sub grătar, la aproximativ 4 inci de căldură.
f) Prăjiți până când se înmoaie și se rumenesc frumos, aproximativ 8 minute în total, rotindu-se o dată la jumătate.

37. Frigarui de legume la gratar

Face 4 porții

Ingredient
- 1 cana patrunjel proaspat taiat cubulete grosiere
- 1 cană coriandru proaspăt tăiat cubulețe grosiere
- 3 catei de usturoi, macinati
- 1/2 linguriță coriandru măcinat
- 1/2 linguriță de chimen măcinat
- 1/2 linguriță boia dulce
- 1/2 linguriță sare
- 1/4 linguriță cayenne măcinate
- 3 linguri suc proaspăt de lămâie
- 1/3 cană ulei de măsline
- 1 ardei gras roșu moderat, tăiat pe lungime în pătrate de 11/2 inch
- 1 vinete mică, tăiată în bucăți de 1 inch
- 1 dovlecel moderat, tăiat în bucăți de 1 inch
- 12 ciuperci albe, ușor clătite și uscate
- 12 roșii cherry coapte

Directii
a) Într-un mixer sau robot de bucătărie, amestecați pătrunjelul, coriandrul și usturoiul și procesați până se toacă fin. Adăugați coriandru, chimen, boia de ardei, sare, cayenne, suc de lămâie și ulei. Procesați până la omogenizare. Treceți la un fel de mâncare mic.

b) Încinge grătarul. puneți ardeiul gras, vinetele, dovleceii, ciupercile și roșiile pe frigărui și aranjați-le într-o tavă de copt. Se toarnă aproximativ jumătate din sosul charmoula peste legumele frigăruite și se lasă la marinat la temperatura camerei timp de 20 de minute.

c) Asezati legumele in frigarui pe gratarul incins direct peste sursa de caldura. Puneți la grătar până când legumele sunt rumenite și fragede, rotindu-le o dată la jumătatea grătarului, aproximativ 10 minute în total.
d) Treceți pe un platou și puneți cu lingura sosul rămas peste tot. Serviți imediat.

38. Chimichurri legume la grătar

Face 4 porții

Ingredient
- 2 eșalote moderate, tăiate în sferturi
- 3 catei de usturoi, macinati
- 1/3 cană frunze de pătrunjel proaspăt
- 1/4 cană frunze proaspete de busuioc
- 2 lingurite de cimbru proaspat
- 1/2 linguriță sare
- 1/4 linguriță piper negru proaspăt măcinat
- 2 linguri suc proaspăt de lămâie
- 1/2 cană ulei de măsline
- 1 ceapă roșie moderată, tăiată în jumătate pe lungime, apoi tăiată în sferturi
- 1 cartof dulce moderat, decojit și tăiat în bucăți de 1/2 inch
- dovlecel mic, tăiat în diagonală în segmente de 1/2 inch grosime
- pătlagini coapte, tăiate în jumătate pe lungime, apoi tăiate în jumătate pe orizontală

Directii

a) Încinge grătarul. Intr-un mixer sau robot de bucatarie, amestecati salota si usturoiul si procesati pana se toaca. Adăugați pătrunjelul, busuiocul, cimbru, sare și piper și amestecați până se toacă mărunt. Adăugați sucul de lămâie și uleiul de măsline și procesați până se amestecă bine. Treceți la un fel de mâncare mic.

b) Ungeți legumele cu sosul Chimichurri și puneți-le pe grătar.

c) Întoarceți legumele în aceeași ordine în care le puneți pe grătar.

d) Ungeți legumele cu mai mult sos Chimichurri și continuați să gătiți la grătar până când legumele sunt fragede, aproximativ 10 până la 15 minute pentru tot, cu excepția pătlaginilor, care ar trebui să fie făcute în aproximativ 7 minute.

e) Se serveste fierbinte, stropite cu sosul ramas.

39. Frigarui de portocale si capsuni la gratar

Face 4 porții

Ingredient
- 2 portocale mari, decojite și tăiate în bucăți de 1 inch
- căpșuni mari coapte, decojite
- 1/2 cană Grand Marnier sau alt lichior cu aromă de portocale

Directii

a) Frigarui bucatele de portocale si capsunile pe 8 frigarui, asezand 2 sau 3 bucati de portocale pe fiecare frigaruie, urmate de 1 capsuna, si terminand cu 2 sau 3 bucati de portocala.

b) Puneți fructele frigărui într-un vas puțin adânc și turnați Grand Marnier peste fructe, rotindu-le pentru a acoperi. Se lasa deoparte 1 ora. Încinge grătarul.

c) Frigaruile de fructe la gratar, unindu-le cu marinada, aproximativ 3 minute pe fiecare parte. Servesc frigaruile fierbinti, stropite cu marinada ramasa.

40.   Pui cu migdale la gratar

Randament: 4 porții

Ingrediente

- 1 ou
- ¼ cană amidon de porumb
- 2 linguri sos de soia
- 1 cățel mare de usturoi; tocat
- 2 piept de pui întregi, fără piele, fără os; tăiați benzi de 1" pe 3".
- 2½ cană migdale sau nuci tăiate mărunt; ușor prăjită
- 2 linguri pătrunjel tocat uscat sau proaspăt
- 4 prune proaspete din California; înjumătățit și fără sâmburi
- tarhon proaspăt; opțional
- Păstăi de mazăre chinezească albite; opțional
- Salată verde iceberg mărunțită; opțional
- 1 sos de prune savuros

Directii

a) Se amestecă primele 4 ingrediente într-o pungă de plastic. Adăugați bucățile de pui și marinați 15 minute; scurgere. Pune migdalele și pătrunjelul într-o pungă de plastic. Pune bucatele de pui, cate cateva, in amestec de migdale.

b) Agitați pentru a acoperi bine. Puneți puiul, jumătățile de prune și tarhonul în coșul de grătar sau frigărui pe frigărui.

c) Grătiți la foc moderat indirect timp de 8 minute sau mai mult până când se rumenesc și sunt fierte. Urmăriți încet pentru a evita arderea. Dacă doriți, serviți pe un platou tapetat cu păstăi de salată verde și mazăre. Se pune sosul de prune peste pui.

41. Carne de porc la gratar cu iarba de lamaie

Randament: 4 porții

Ingrediente

- 1 kg Carne de porc tăiată în bucăți de mărimea unei mușcături
- 10 linguri zahăr de palmier
- 10 linguri sos de peste
- 10 linguri sos de soia negru
- 10 linguri iarba de lamaie
- 5 linguri de whisky
- 5 linguri de eșalotă
- 5 linguri de usturoi
- 5 linguri lapte de cocos
- 3 linguri ulei de susan
- 1 lingura piper negru

Directii

a) Amestecați saramura Ingrediente, cu excepția laptelui de cocos și într-o cratiță sau wok, fierbeți până când scade la aproximativ jumătate din volumul inițial.

b) Se lasa sa se raceasca si se adauga laptele de cocos, amestecand pana se amesteca.

c) Saramura carnea timp de 1-3 ore într-un loc răcoros, apoi scurge-o bine, iar frigărui se pune pe frigărui.

d) Pune carnea la grătar până este gătită. Se încălzește saramura până la fiert, amestecând timp de 1-2 minute (pentru a găti orice sânge care a picurat din carnea marinată și, prin urmare, a o steriliza) și servește ca sos de scufundare pentru carne.

42.   Inimă de vită la grătar

Randament: 16 porții

Ingrediente

- 1 inimă de vită
- 8 catei de usturoi; presat
- 2 chile
- 2 linguri Chimen, macinat
- ½ lingură de oregano, uscat
- Sare; la gust
- Piper, negru; la gust
- 2 cani de otet, vin, rosu
- 1 lingura Ulei, vegetal
- Sare; la gust

Directii

a) Curățați bine inima de vită, îndepărtând toți nervii și grăsimea. Tăiați în cuburi de 1 inch, puneți într-un vas nereactiv, dați la frigider și lăsați deoparte.

b) Se amestecă usturoi, ardei iute, chimen, oregano, sare și piper și 1½ cană de oțet. Se toarnă peste carne. Adăugați mai mult oțet, dacă este necesar, pentru a acoperi carnea complet. Marinat, la frigider, 12-24 ore. Cu aproximativ 1 oră înainte de grătar, scoateți carnea din saramură și frigărui pe frigărui. Rezervați saramură

c) Înmuiați ardeiul zdrobit în ⅓ cană de apă caldă timp de 30 de minute. În procesor, amestecați ardeiul ardei și apa cu ulei și sare. Adăugați suficientă saramură rezervată (¾ de cană) pentru a face un sos gros.

d) Ungeți carnea frigărui cu sos și grătar peste cărbuni încinși sau sub un grătar, rotindu-le și ungeți-le pentru a găti rapid pe toate părțile. Cel mai bine fiert moderat bine, 4-6 minute la gratar. Serviți cu sosul rămas pentru înmuiere.

43. „Grătar mixt" la grătar

Randament: 1 porție

Ingrediente

- Alegeți pui, cârnați, vită, porc și/sau miel, după cum doriți și după cum urmează:
- 1 kg piept de pui dezosat, fără piele, tăiat în bucăți de 1 inch
- 1 kg de cârnați italian dulce, tăiați în bucăți de 1 inch
- 1 cană suc de grepfrut
- 3 linguri Miere
- 2 linguri de unt topit
- ½ lingurita Sare
- 2 linguri rozmarin proaspăt tăiat cubulețe
- 2 linguri de cimbru proaspăt tăiat cubulețe
- 1 lingura usturoi taiat cubulete
- 1 ceapă mică, tăiată cubulețe
- 2 linguri suc de lamaie
- ½ cană de ulei
- 1 lingurita de cimbru uscat
- 1 lingurita maghiran uscat
- 1 lingurita Sare

- ½ lingurita Piper

Directii

a) Amestecați toate ingredientele într-un vas mare, puțin adânc, nereactiv; saramură acoperită la temperatura camerei timp de 2 ore sau acoperită la frigider pentru câteva ore. Scoateți, reporționați saramură și Frigărui de pui pe frigăruile proprii și cârnații pe propria frigărui

b) Grătiți peste cărbuni moderat încinși, rotindu-vă frecvent, periați cu saramură respectivă. Puiul va dura aproximativ 15 minute; cârnați aproximativ 20-25 de minute; carne de porc, vita sau miel aproximativ 20 de minute. Se ia de pe foc și se toarnă peste saramură(e) rămasă/respective; acoperiți cu folie timp de aproximativ cinci minute; servi.

ARIPI LA GRĂTAR

44. Aripioare de chile la grătar

Randament: 4 porții

Ingredient

- 1 cană suc de ananas
- 2 linguri otet balsamic
- 2 linguri zahar brun inchis
- 4 catei de usturoi; tocat mărunt
- 1 scotch bonet sau chile habanero; tocat mărunt
- ½ linguriță de ienibahar măcinat
- 24 aripioare de pui
- Sare si piper proaspat macinat
- Batoane de morcov și țelină

Directii

a) Folosiți arzătorul lateral sau încălziți grătarul. Se amestecă toate ingredientele într-o cratiță mică și se lasă să fiarbă 2 minute. Se ia de pe foc, se toarnă într-un vas mare și se lasă să se răcească. Adăugați aripioare de pui în saramură și marinați la frigider cel puțin 2 ore.

b) Grătiți la foc moderat timp de 10 până la 15 minute sau mai mult până când este fiert

c) Se serveste cu batoane de telina si morcov.

45. Aripioare de pui fierbinți la grătar

Randament: 24 aripi fierbinți

Ingredient

- 12 aripioare de pui
- ½ cană de făină
- ½ linguriță de pudră de chili
- ⅓ cană ulei de gătit
- ½ cană sos pentru grătar
- ½ linguriță sos de ardei iute

Directii

a) Scoateți vârfurile aripilor și tăiați aripile în jumătate. Pudrați într-un amestec de făină și pudră de chili și prăjiți în ulei încins, 8-10 minute pe fiecare parte, până se rumenește. Scurgeți pe prosoape de hârtie.

b) Se încălzește împreună sosul de grătar și sosul de ardei iute.

c) Adăugați aripioarele de pui fierte și fierbeți câteva minute.

46. Aripioare de pui cu piper alb

Randament: 6 porții

Ingredient

- 20 aripioare de pui; tăiați la îmbinare (păstrați vârfurile aripilor pentru stoc sau aruncați-le)
- ¼ cană piper alb proaspăt spart
- 2 linguri de sare
- ½ cană sos de soia
- ¼ cană suc de lime (aproximativ 2 lime)
- 2 linguri ghimbir tocat
- 2 lingurite usturoi tocat
- 2 linguri ardei iute roșu sau verde proaspăt tocat, la alegere
- 1 lingura de zahar
- 2 linguri busuioc proaspăt tăiat cubulețe
- 2 linguri coriandru proaspăt tăiat cubulețe

Directii

a) stropiți aripioarele cu piper și sare. Se prăjesc la foc moderat până când sunt bine rumenite, 5 până la 7 minute, rotindu-le de câteva ori.

b) Luați cea mai mare aripă de pe foc și verificați dacă este gata mâncând-o.

c) Scoateți aripioarele de pe grătar și puneți-le într-un vas mare.

d) Adăugați toate ingredientele rămase, amestecați bine și serviți.

47. Aripioare de pui marinate cu soia

Randament: 10 porții

Ingredient

- 2 kilograme de aripioare de pui; tăiat în 2 părți,
- Drumettes
- 3 catei de usturoi; tocat
- ⅓ cană sos de soia
- 3 linguri Sherry uscat sau vin de orez
- 2 linguri Miere sau zahăr
- 1 bucată rădăcină de ghimbir proaspăt; 1 inch, tocat
- 3 ceapa verde; subțire Segmentată
- 2 linguri asiatice; ulei de susan (prăjit).
- 1 dip picant cu arahide asiatice

Directii

a) Amestecați aripioarele de pui cu următoarele 7 ingrediente. Puneți într-un vas sau într-o pungă mare de plastic și lăsați la frigider cel puțin o oră sau până la 3 zile. Întoarceți din când în când în timpul marinării. Prăjiți pe foc deschis sau grătar până devine crocant.

b) Serviți însoțit de sosul de dip de arahide.

48. Aripioare de pui la grătar thailandez

Randament: 1 porție

Ingredient

- 2 kilograme de aripioare de pui; dezarticulat
- 1 cutie lapte de cocos; (2 căni)
- 1 ceapă moderată; tocat grosier
- 2 linguri de usturoi; zdrobit
- 2 lingurite Turmeric
- 2 lingurite chile uscat thailandez; zdrobit
- 2 lingurite Galangal
- 1 lingură sare grunjoasă
- 1 cană thailandeză; proaspăt tocat
- 1 cană ceapă; roșu tocat
- 1 cană suc de lime; proaspat stors
- 1 lingura Sos de peste
- 1 lingurita Sare
- 2 linguri de palmier; sau maro deschis, zahăr dizolvat în
- ½ cană apă
- 2 linguri Cilantro; tocat

Directii

a) Luați toate ingredientele, cu excepția aripioarelor, și măcinați într-o pastă cu uniformitatea iaurtului subțire. Pentru aceasta poate fi folosit un robot de bucătărie. Puneți într-un vas de ceramică sau sticlă și amestecați cu aripioarele de pui, amestecând pentru a acoperi. Dați la frigider peste noapte.

b) Scuturați excesul de acoperire și puneți-l peste cărbuni încinși și gătiți, încercând să nu se ardă. Serviți cu sos de lime.

49. Aripioare de grătar indian

Randament: 4 porții

Ingredient

- 16 aripioare de pui
- 1 cană iaurt simplu
- 2 linguri suc de lime
- 1 lingurita de usturoi, zdrobit
- ½ linguriță chilli pudră
- ½ linguriță cardamom, măcinat
- ¼ linguriță de chimion, măcinat
- ¼ lingurita piper negru
- ¼ linguriță cuișoare, măcinate
- ¼ linguriță scorțișoară
- strânge Nucșoară
- Sarat la gust

Directii

a) Marinada gata.

b) Înțepați 16 aripioare de pui peste tot cu o furculiță sau cu un cuțit ascuțit și amestecați în marinadă, lăsați cel puțin 2 ore, de preferință peste noapte.

c) Prăjiți ușor, ungeți cu exces de marinată, până când crusta este parțial rumenită și aripioarele sunt fierte

50. Aripioare de grătar picante

Randament: 4 porții

Ingredient

- ½ kilograme de aripioare de pui
- ½ cană de ketchup
- ½ cană apă
- 2 lingurițe de muștar de Dijon
- 1 lingurita Sare
- 2 lingurite sos iute Louisiana
- ½ linguriță de pudră de chili
- 2 catei de usturoi - tocati
- ¼ cană suc de lămâie
- 1 lingura zahar brun
- 2 linguri ulei
- 2 linguri sos Worcestershire
- ¼ linguriță de chimion
- 1 lingurita piper negru
- Ulei pentru prăjire adâncă

Directii

a) Într-o cratiță mare și grea, amestecați împreună sosul BBQ Ingrediente.

b) Se aduce la fierbere, apoi se reduce focul și se fierbe timp de 15 minute. Într-o tigaie sau wok, încălziți uleiul la 375ø F (190ø C). Prăjiți câteva aripioare o dată, până când sunt gătite, aproximativ 10-15 minute.

c) Scurgeți aripioarele prăjite pe un prosop absorbant. când toate aripioarele sunt fierte, puneți-le în sosul BBQ care fierbe. Se amestecă pentru a acoperi și se servește.

51. Aripioare portocalii la grătar

Randament: 24 aperitive

Ingredient

- 12 aripioare de pui; sfaturi Scoase
- ⅓ cană sos chili
- ¼ cană marmeladă de portocale
- 1 lingura otet de vin rosu
- 1½ linguriță sos Worcestershire
- ¼ linguriță de usturoi pudră
- ¼ linguriță muștar gata

Directii

a) Tăiați fiecare aripă în jumătate; puneți într-o pungă mare resigilabilă. Adăugați ingrediente de saramură; pungă sigilată. Întoarceți geanta pentru a acoperi aripile. Dați la frigider cel puțin 4 ore sau până la 24 de ore, rotind punga ocazional. Încinge grătarul la 375

b) Scurgeți puiul, reporționați marinata

c) Pune puiul pe tigaie pentru gratar. Coaceți 45-60 de minute, periând ocazional cu marinată. Aruncați orice marinată rămasă.

52. BBQ wingflingers

Randament: 1 porție

Ingredient

- ½ sac de aripioare de pui congelate
- ¼ cană ulei de salată
- 5 cepe moderate, taiate cubulete
- 3 cani de sos de rosii
- 1½ cană zahăr brun la pachet
- ¾ cană oțet alb
- 3 linguri sos Worcestershire
- 4 linguri praf de chili
- 2 linguri de sare
- ¼ linguriță de muștar uscat

Directii

a) Încinge grătarul la 400.

b) În ulei de salată fierbinte, la foc mediu-mare, fierbeți ceapa până se înmoaie.

c) Adăugați ingredientele rem, încălziți până la fierbere, amestecând constant.

d) Reduceți focul și fierbeți 30 de minute, amestecați din când în când.

e) Se toarnă peste aripioare și se coace în sos timp de 1 oră.

53. Aripioare de bivol la grătar

Ingredient

- 4 lbs. aripioare de pui
- 1 cană oțet de cidru 1 linguriță fulgi de ardei roșu
- 2 linguri ulei vegetal 1 lingurita sare
- 2 linguri sos Worcestershire 1 lingurita piper proaspat macinat
- 2 linguri pudră de chili 1 lingură Tabasco sau sosul tău iute preferat

Directii

a) Amestecați toate ingredientele pentru saramură într-un vas mic și amestecați bine. Puneți aripioarele de pui într-o pungă mare de plastic pentru depozitarea alimentelor și turnați marinata. Apăsați aerul și sigilați bine punga.
b) Masați ușor punga pentru a distribui marinada. Puneți într-un vas mare și puneți la frigider sau puneți la rece timp de câteva ore (cel mai bine peste noapte), masând ocazional punga.
c) Pregătiți un foc moderat în grătar. Poziționați un gratar uns cu ulei la 4-6 inci deasupra cărbunilor sau a pietrelor de lavă. Scoateți aripioarele din marinadă, scuturați excesul și aranjați pe gratar.
d) Grătar, rotind frecvent și periere cu saramură rezervată Aproximativ 25 până la 30 de minute ar trebui să o facă până când pielea începe să se carbonizeze.

54. Aripioare de pui sifon cu lamaie-lime

Ingredient

- sifon de lamaie-lamaie
- sos de soia
- ulei de masline, mustar
- usturoi
- ceai verde

Directii

a) Adăugați sifon cu lămâie și lămâie, sos de soia, ulei de măsline, muștar, usturoi și ceai verde într-un vas, apoi amestecați pentru a se amesteca. Puneți puiul în pungi mari resigillabile, apoi turnați saramură și asigurați-vă că puiul este bine acoperit. Se da la frigider pentru cel putin 8 ore sau peste noapte.

b) Încinge grătarul la moderat. Când grătarul dvs. este fierbinte, utilizați clești pentru a înmuia o bucată de prosoape de hârtie în ulei vegetal și treceți-le de duzină de ori pe grătar.

c) Prăjiți puiul, ungeți ocazional cu marinada rămasă, până când puiul este gătit, aproximativ 5-6 minute pe fiecare parte.

CÂRNAȚI LA GRĂTAR

55. Micul dejun bile de cârnați

Randament: 12 porții

Ingredient

- 2 linguri suc de portocale, concentrat congelat
- 2 linguri sirop de arțar
- 4 segmente Pâine
- 1 ou, usor amestecat
- ½ kilograme de cârnați în vrac
- ½ cană nuci pecan la grătar tăiate cubulețe
- 2 linguri Fulgi de patrunjel

Directii

a) Rupeți pâinea în suc de portocale și sirop de arțar. Adăugați oul și amestecați bine.

b) Se amestecă ingredientele rămase. Faceți bile mici de cârnați de aproximativ 1 inch în diametru sau în chiftelute. Se prăjește încet într-o grătar sau pe grătar la foc moderat până se rumenește.

c) Reîncălziți într-un grătar cald înainte de servire.

56. Cârnați cu ciuperci sălbatice la grătar

Randament: 2 portii

Ingredient

- 6 uncii piept de pui; Dezosat și jupuit
- 1 ou
- 2 uncii Cremă grea; Rece
- 3 uncii de ciuperci Cremini
- 3 uncii ciuperci Portabella
- 3 uncii de ciuperci Shitake
- 3 uncii ciuperci Button
- ½ uncie ierburi fine (patrunjel; tarhon, arpagic, cervil)
- 1 uncie eșalotă; Cuburi
- Sare; La Gust
- Piper; La Gust
- Unt

Directii

a) Pentru mousse de pui: se face piure de pui într-un robot de bucătărie până la omogenizare. Se adauga sare si piper si oul. Pulsați doar pentru a amesteca și a răzui părțile laterale.

b) În timp ce robotul de bucătărie funcționează, adăugați smântână treptat prin tubul de alimentare.

c) Se răcește și se rezervă. Spălați și segmentați ciupercile. Într-o tigaie fierbinte, gătiți ciupercile cu unt. Când ciupercile sunt maronii, adăugați eșalotă și ierburi. Scoateți din tigaie și răciți. se suprapun ciupercile și puiul.

d) aplatizați folie de plastic pe o masă. În mijloc, puneți cu lingură o grămadă de 1 inch din amestecul de ciuperci. Rulați plasticul într-un buștean. Legați capetele cu o sfoară și legați-le în zale. Se lasă în apă clocotită timp de 10 minute. Loviți legăturile în apă cu gheață. Acest lucru se poate face cu până la 3 zile înainte. Pentru a servi, scoateți cârnații din plastic și grătar, fripți sau afumati, până când sunt fierbinți. Segmentați cârnații și serviți-l cu o salată mixtă.

57. Tapas cu cârnați la grătar

Randament: 6 portii

Ingredient

- ½ kilograme Cârnați afumati complet gătiți
- ½ kilograme Bratwurst complet gătit
- ½ kilograme de cârnați de vară gătiți
- 10 bucăți de ananas, scurse
- 1 măr Red Delicious, tăiat felii
- 1 dovlecel de vară/dovlecel, tăiat în bucăți de 1 inch
- 2 cepe mici, prefierte, tăiate felii
- 4 roșii ferme de prune sau cherry, tăiate la jumătate
- 4 moderate până la 6 ciuperci întregi
- 1 ardei gras verde și roșu mic
- Lămâie Piper Saramură/Sos
- ¾ cană ulei de măsline
- 3 linguri otet de vin rosu
- ⅓ cană suc proaspăt de lămâie
- 2 lingurite coaja rasa de lamaie
- 1 cățel de usturoi, tocat
- 2 linguri de zahăr

- ½ linguriță de cimbru
- ¼ linguriță de piper proaspăt măcinat
- ½ lingurita Sare

Directii

a) Într-un vas mare, adăugați Ingrediente de saramură de lămâie și piper. se amestecă cu un tel până se omogenizează bine. Adăugați bucăți de cârnați și acoperiți bine, rotind cu o spatulă. saramură la frigider cel puțin 1 oră, rotind ocazional. Încinge grătarul.

b) Alternați cârnații cu fructe și legume pe frigărui.

c) Puneți broșele pe grătar; ungeți generos cu saramură rămasă.

d) Grătiți 5 până la 6 minute - rotind după cum este necesar. Ungeți cu saramură.

58. Carnati la gratar

Randament: 1 porție

Ingredient

- 2 kg Carne proaspătă de vită și cârnați de miel
- 2 lire sterline de cârnați de porc și fenicul whisky afumat; despre
- Ketchup de casă cu roșii
- Muștaruri asortate
- 12 pâini franțuzești mici sau chifle hot dog
- 4 Cepe moderate; Cuburi
- 4 catei de usturoi; Cuburi
- Patru conserve de roșii întregi
- ½ cană de zahăr
- 1 cană oțet de cidru
- 1 lingurita cuisoare intregi
- 1 lingurita ienibahar intreg; zdrobit
- 1 baton de scortisoara
- 1 linguriță sămânță de țelină
- 2 lingurițe de muștar uscat
- 1 lingurita Boia
- Tabasco dupa gust

Directii

a) Grătar gata.

b) Prăjiți cârnații proaspeți pe un grătar uns cu ulei la 5 până la 6 inci peste cărbuni aprinși, rotindu-i timp de 10 până la 15 minute sau până când sunt gătiți (170F. pe un termometru cu citire instantanee). Prăjiți cârnații afumati pe grătar, rotindu-i, 5 până la 8 minute, sau până când sunt încălziți

c) Serviți cârnații cu ketchup și muștar pe pâine.

d) Faceți ketchup-ul de roșii:

e) Într-un ibric greu, gătiți ceapa, usturoiul și roșiile.

f) Acoperiți, la foc moderat mic, amestecând din când în când, până când ceapa este foarte moale, aproximativ 40 de minute. Forțați amestecul printr-o moară alimentată prevăzută cu un disc grosier într-un vas.

g) Într-un ibric curățat amestecați piureul, zahărul și oțetul și fierbeți la foc mic, descoperiți, amestecând frecvent pentru a preveni arsurile, până când se reduce fracționat, aproximativ 20 de minute

h) Leagă cuișoarele, ienibaharul, scorțișoara și semințele de țelină într-o pungă de pânză și se adaugă la amestecul de roșii cu muștar și boia de ardei. Se fierbe amestecul, amestecând, până când este foarte gros, aproximativ 10 minute

59. Cârnați afumati la grătar

Randament: 4 portii

Ingredient

- 1 litru de supă de pui
- ¾ uncie amidon de porumb
- ½ litru de oțet de vin roșu
- ½ litru de ulei de măsline extravirgin
- ½ lingurita Sare
- 1 lingurita busuioc proaspat taiat cubulete
- 1 lingurita oregano proaspat taiat cubulete
- ½ linguriță usturoi proaspăt tăiat cubulețe
- 1 lingurita de cimbru proaspat taiat cubulete
- 1 Praz tăiat în sferturi
- 1 dovlecel segmentat de 1/8" grosime
- 1 dovleac galben de 1/8" grosime
- 1 ceapa segmentata de 1/8" grosime
- 1 roșie segmentată de 1/8" grosime
- 4 cârnați afumati

Directii

a) Aduceți bulionul (bulionul) la fiert. Se diluează amidonul de porumb în puțină apă rece sau bulion (bulion). Încorporați treptat amidonul de porumb diluat. Se amestecă până când bulionul este suficient de gros pentru a acoperi ușor dosul lingurii

b) Lăsați stocul să se răcească. Când se răcește, încorporează oțetul și uleiul împreună cu ierburile în robotul de bucătărie. Adăugați sare după gust.

c) Încălziți grătarul

d) Se amestecă ușor legumele în saramură, cât să se îmbrace.

e) Se pune pe gratar si se fierbe pana se inmoaie, aproximativ 3-5 minute

f) Cârnați afumati la grătar alături de legume. Se serveste carnati afumati cu aranjament de legume.

60. Sandvișuri cu cârnați pentru micul dejun

Randament: 1 porție

Ingredient

- Unt moale sau margarină
- 8 segmente Pâine
- 1 kg cârnați de porc, gătiți
- Sfărâmat, și scurs
- 1 cană brânză cheddar mărunțită
- 2 ouă, amestecate
- 1½ cană de lapte
- 1½ linguriță de muștar

Directii

a) Întindeți unt pe o parte a fiecărui segment de pâine.

b) Puneți 4 segmente, cu partea unsă în jos, într-un singur strat într-o tavă pătrată de copt de 8 inci ușor unsă.

c) deasupra fiecărui segment de pâine cu cârnați și bucățile de pâine rămase, cu partea unsă în sus. Se presară cu brânză.

d) Se amestecă ingredientele rămase; țâșnesc peste sandvișuri. se acopera cu capac si se da la frigider pentru cel putin 8 ore.

61. Cârnați polonezi la grătar

Randament: 100 porții

Ingredient

- 18¾ de kilograme de cârnați polonezi
- 3⅛ de kilograme de varză murată
- 1 kg ceapă uscată
- 100 chifle Frankfurter
- 1⅛ kilograme de muștar

Directii

a) Puneți la grătar până când sunt fierte și rumenite. Întoarceți des pentru a asigura o rumenire uniformă.

b) Puneți 2 bucăți de cârnați în fiecare rolă.

c) Întindeți 1 linguriță de muștar pe fiecare cârnați. Adăugați 1 lingură de varză murată și 1 linguriță de ceapă tăiată cubulețe.

d) Se serveste fierbinte.

62. Rulate de cârnați andouille la grătar

Randament: 1 porție

Ingredient

- 2 lingurite ulei de masline
- ½ kilograme de cârnați Andouille
- ½ cană ceapă tăiată mărunt
- ½ kilograme de brânză albastră Maytag
- 1 kg Friptură de flanc; tăiat în 4
- Esență
- cartofi înăbușiți
- 1 lingură pătrunjel proaspăt tăiat mărunt
- 1 lingura ulei de masline
- 1 cana Se taie subtire ceapa
- Sare
- Piper negru proaspăt măcinat
- ¼ de kilograme jumătăți de nucă
- 1 kg cartofi noi; sferturi si la gratar
- 2 lingurițe de usturoi tăiat cubulețe
- 2 căni de reducere de vițel

Directii

a) Încinge grătarul.

b) Așezați fiecare bucată de friptură de flanc între două foi de folie de plastic.

c) Folosind un ciocan de mâncare, bateți fiecare friptură de aproximativ $\frac{1}{4}$ inch grosime. Scoateți și aruncați folia de plastic.

d) Asezonați ambele părți ale fripturii cu esență.

e) Peste fiecare friptură, puneți 2 uncii de amestec de cârnați uniform. Presărați 2 uncii de brânză, uniform peste fiecare friptură. Începeți de la un capăt, rulați fiecare friptură strâns, formând o formă de rulou de jeleu.

f) Asigurați fiecare rulada cu trei scobitori.

g) Așezați ruladele pe grătar și gătiți timp de 2 până la 3 minute pe toate părțile, pentru rar moderat.

h) Scoateți de pe grătar și odihniți-vă câteva minute înainte de a tăia felii.

i) Folosind un cuțit ascuțit, segmentați fiecare rulada în segmente de $\frac{1}{2}$ inch.

j) Pentru a servi, pune cartofii cu lingura in mijlocul fiecarei farfurii. Aranjați segmentele de rulada în jurul cartofilor. Se orneaza cu patrunjel.

63.   Crepinete de cârnați de vânat la grătar

Randament: 1 porție

Ingredient

- 1 kg de rață cu grăsime
- ½ kg fund de porc
- ¼ de kilograme Pancetta
- 1 lingurita seminte de chimen
- 1 lingurita scortisoara
- 1 lingurita Sare
- ¼ de kilograme de grăsime Caul
- 4 linguri ulei de măsline extravirgin
- 2 catei de usturoi, segmentati subtiri
- 2 căni de Kale
- Sare si piper proaspat macinat dupa gust
- 2 sticle de otet balsamic, redus la 20 la suta la sirop

Directii

a) Încălzește grătarul sau grătarul.

b) Tăiați rața, fundul de porc și pancetta în cuburi de ¼ inch. Treceți carnea printr-o mașină de tocat. Amestecul ar trebui să fie destul de dur.

c) Într-un vas mare, amestecați carnea tocată cu scorțișoara, chimenul și sarea. Se amestecă foarte bine. Împărțiți amestecul în 8 chifle ovale egale, de aproximativ ½ inch grosime. Înfășurați fiecare chiflă în grăsime caul. Puneți chiftelele sub grătar sau pe grătar și gătiți-le, aproximativ 4 până la 5 minute pe fiecare parte. Pus deoparte.

d) Într-o tigaie mare de 12 până la 14 inci, încălziți uleiul de măsline până când se afumă.

e) Se adaugă usturoiul și se prăjește până când se rumenește foarte deschis, aproximativ 2 minute. se amestecă în gură și se călește, amestecând rapid, aproximativ 2 până la 3 minute, până când se ofilesc, dar nu prea moale. Se ia de pe foc si se condimenteaza cu sare si piper.

f) Împărțiți amestecul în mod egal pe 4 farfurii și serviți.

64. Cârnați de miel marocan de casă

Randament: 4 portii

Ingredient

- 1⅓ de kilograme de miel slab, măcinat cu
- ⅔ kilograme Grăsime de miel, porc sau vită
- 2 linguri de apă
- 1½ lingură usturoi tocat
- 2 linguri coriandru proaspăt tăiat cubulețe
- 2 linguri patrunjel proaspat taiat cubulete
- 2 linguri Boia
- 1½ linguriță de chimion măcinat
- 1½ linguriță coriandru măcinat
- 1¼ linguriță scorțișoară
- ¾ linguriță de piper Cayenne
- 1¼ lingurita Sare
- ½ linguriță de piper proaspăt măcinat
- Carcasă de porc de 2 picioare
- 2 linguri ulei de masline; opțional
- 1 ardei verde mare; opțional
- 2 Cepe moderate; opțional

Directii

a) Se amestecă toate ingredientele, cu excepția uleiului de măsline și a celor trei elemente opționale, într-un vas mare și se amestecă bine.

b) Încălziți grătarul sau grătarul.

c) Grătar sau grătar 3 până la 4 minute pe fiecare parte în sus, până când sunt fierte. Pentru pastile, ungeți cu ulei și gătiți 3 până la 4 minute pe fiecare parte. Pentru chiftele, ungeți cu ulei și grătar 4 până la 5 minute pe fiecare parte sau prăjiți la foc mare.

d) Dacă se dorește, cârnații pot fi îngrășați pe frigărui alternativ cu bucăți de ardei verde și sferturi de ceapă înainte de a-i fi pregătiți pe grătar.

65. Dovleac la grătar și cârnați de bere

Randament: 1 porție

Ingredient

- 1 sticlă de bere ale
- 4 uncii de dovleac; proaspete sau conservate
- 1 uncie usturoi; Cuburi
- 1 uncie sirop de arțar pur
- 2 legături pentru fiecare rață; străpuns cu o furculiță
- 2 legături căprioară; străpuns cu o furculiță
- 2 legături cârnați de pui; străpuns cu o furculiță
- 1 ceapa rosie mica; Segmentat subțire
- 1 lingura de unt
- Sare
- Piper
- 1 Bulb de fenicul; ras
- 1 uncie Fiecare brânză saga bleu
- 1 uncie stilton englezesc
- 1 uncie Gorgonzola

Directii

a) Se amestecă porter, dovleacul, usturoiul și siropul de arțar și se toarnă peste cârnați.

b) Scoateți cârnații din saramură și prăjiți într-un grătar la 500 de grade timp de 10 minute. Segmentați și grătar până când este gata.

c) Se caleste ceapa in unt la foc mic pana devine moale si translucida. Asezonați cu sare și piper

66.   Cârnați la grătar în tortilla

Randament: 15 porții

Ingredient

- 1 kg cârnați italieni calzi sau dulce
- 1 cană de vin roșu consistent
- 9 tortilla de făină de 8 inchi sau de porumb de 6 inci
- Muștar cu miere

Directii

a) Puneți cârnații într-un singur strat într-o grătar de 9 inchi. stropește vin peste cârnați. Se aduce la fiert. Reduceți căldura, acoperiți parțial cu capac și fierbeți până când cârnații sunt gătiți, rotindu-se frecvent, aproximativ 12 minute.

b) Scoateți cârnații din tigaie și răciți puțin.

c) Gratar gata (caldura moderata-mare). Tăiați cârnații în bucăți de ½ inch. Segmente de vârf pe frigarui lungi de metal, folosind 3 până la 4 frigărui.

d) Tăiați tortilla în sferturi și înfășurați în folie. Așezați tortillas pe partea laterală a grătarului pentru a se încălzi. Prăjiți cârnații până când sunt încălziți și prăjiți pe toate părțile, aproximativ 5 minute.

e) Scoateți cârnații din frigărui și puneți-le într-un vas de servire. Servește cârnații cu tortilla și muștar.

67. Sandvişuri cu cârnaţi la grătar

Randament: 4 portii

Ingredient

- 1 lingura ulei de masline
- 1 ceapă, tăiată cubulețe
- 1 cățel de usturoi, tocat
- 1 ardei roșu dulce, tăiat cubulețe grosier
- Ciupiți fulgii de ardei iute
- rosii
- 2 linguri patrunjel proaspat taiat cubulete
- ¼ linguriță Fiecare sare și piper
- 4 cârnați italieni
- 4 rulouri italiene cruste
- 4 frunze de salata verde
- 4 lingurițe parmezan proaspăt ras

Directii

a) Într-o cratiță grea, încălziți uleiul la foc moderat; gătiți ceapa și usturoiul, amestecând din când în când, timp de 5 minute sau până se înmoaie. Adăugați ardei roșu și fulgi de ardei iute; gătiți timp de 2 minute.

b) Se amestecă roșiile, pătrunjelul, sare și piper; aduce la fiert. Reduce caldura; fierbeți timp de 20 de minute sau până se îngroașă.

c) Între timp, tăiați cârnații pe lungime aproape până la capăt. Deschideți și puneți, cu partea tăiată în jos, pe grătarul uns la foc moderat-mare; gătiți aproximativ 5 minute pe fiecare parte sau în sus, până când devine crocant la exterior și nu mai este roz în interior.

d) Segmentați fiecare rolă în fracțiuni orizontal; prăjiți, cu partea tăiată în jos, timp de 2 până la 3 minute sau în sus, până când devin aurii. partea de sus a fiecărei fracțiuni de jos cu salată verde și cârnați; peste partea superioară puneți sos de roșii. Se presara cu parmezan; acoperiți cu capac cu fracțiunea superioară a ruloului.

68. Cârnați la grătar cu piper

Randament: 1 porție

Ingredient

- 12 cârnați italieni; (fierbinte moderat)
- 3 ardei roșu mari
- 2 cepe moderate
- 3 spice porumb
- 2 roșii friptură
- 12 frunze mari de busuioc
- ⅓ cană și 4 linguri ulei de măsline extravirgin
- Sare kosher dupa gust
- Piper negru proaspăt măcinat după gust
- 4 linguri otet balsamic
- 1 cățel mare de usturoi; (Cuburi)

Directii

a) Pregătiți un foc moderat și puneți grătarul la 6 inci deasupra cărbunilor. Puneti cele 4 linguri de ulei intr-un vas si amestecati cu usturoiul taiat cubulete.

b) Ungeți ardeii, ceapa și porumbul cu ulei și asezonați cu sare și piper.

c) Puneți ardeii pe grătar (cu partea tăiată în jos) și gătiți aproximativ 4-5 minute.

d) Întoarceți grătarul pentru încă 2 minute. Aveți grijă ca pielea să nu devină prea prăjită.

e) Scoateți ardeii și julienne. Așezați ceapa pe grătar și gătiți timp de 3 minute pe fiecare parte. Scoateți de pe grătar și tăiați cubulețe în bucăți de ½ inch.

f) Așezați porumbul pe grătar și gătiți timp de 1 minut. Rotiți porumbul și continuați să faceți grătar

g) Scoateți de pe grătar și scoateți sâmburii din știulete cu un cuțit. Puneți cârnații pe grătar și gătiți aproximativ 4 minute pe fiecare parte. Cârnații ar trebui să se gătească în aproximativ 6-8 minute.

h) Puneți ardeii julienne, ceapa tăiată cubulețe, boabele de porumb și roșiile tăiate cubulețe într-un vas. Adăugați busuioc

i) Asezonați cu sare și piper

j) Împărțiți salata în șase farfurii și puneți doi cârnați pe fiecare farfurie. Se serveste cu paine italiana crocanta.

69. Cârnați la grătar cu muștar picant

Randament: 1 porție

Ingredient

- Cârnați italieni blânzi --
- La grătar
- Muștar picant
- Frigarui

Directii

a) Cârnați italieni blânzi la grătar sau grătar; se taie bucatele si se serveste pe frigarui, insotita cu mustar picant preferat.

70.   Cârnați la grătar și Portobello

Randament: 6 portii

Ingredient

- 2 kg de roșii; înjumătățit
- 1 ciupercă Portobello mare
- 1 lingura ulei vegetal
- 1 lingurita Sare; împărțit
- 1 kilogram de cârnați italieni dulci
- 2 linguri ulei de masline
- 1 lingurita usturoi tocat
- $\frac{1}{4}$ linguriță de cimbru
- $\frac{1}{4}$ linguriță de piper proaspăt măcinat
- 1 kg Rigatoni

Directii

a) Încălziți grătarul

b) Ungeți roșiile și ciupercile cu ulei vegetal și asezonați cu $\frac{1}{2}$ linguriță de sare. Prăjiți la foc moderat până se înmoaie, 5 până la 10 minute pentru roșii și 8 până la 12 minute pentru ciuperci, rotind o dată. Prăjiți cârnații 15 până la 20 de minute, rotind o dată.

c) Cubulețe de roșii; segmente de cârnați și ciuperci; Treceți la un vas mare. Se amestecă uleiul de măsline, usturoiul, $\frac{1}{2}$ linguriță de sare rămasă, cimbru și piper.

d) se amestecă cu rigatoni fierbinți.

71.   Cârnați la grătar cu sos

Randament: 1 porție

Ingredient

- 1 uncie ciuperci porcini uscate
- 1½ cană apă fierbinte
- 3 linguri ulei de masline
- 1 ceapă mare; Cuburi
- 3 catei mari de usturoi; Cuburi
- 1½ lingură rozmarin proaspăt tăiat cubulețe
- ¼ de linguriță de ardei roșu zdrobit uscat
- 2 conserve roșii prune italiene; scurs, Cubulete
- 2 linguri Pasta de rosii
- 3½ kilograme Cârnați nefierți asortati

Directii

a) Puneți ciupercile într-un vas mic. Adăugați 1½ cană de apă fierbinte; se lasa 30 de minute sa se inmoaie.

b) Scoateți ciupercile din lichidul de înmuiat, storcând ciupercile pentru a elibera lichidul în același vas. Rezervă lichid

c) Încinge uleiul la foc moderat

d) Adăugați ceapa și usturoiul; prăjiți până se înmoaie, aproximativ 8 minute. Adăugați rozmarin și ardei roșu și prăjiți 1 minut. Adaugam rosiile, pasta de rosii si ciupercile.

turnați în lichid de înmuiere a ciupercilor, lăsând orice sediment în fundul vasului. Aduceți sosul la fiert, amestecând des.

e) Reduce caldura; se fierbe până se îngroașă, amestecând din când în când, aproximativ 1 oră. Sezon

f) Prăjiți cârnații până când sunt fierți, rotindu-le ocazional, aproximativ 12 minute

72. Cârnați la grătar cu struguri

Randament: 1 porție

Ingredient

- 4 linguri ulei de măsline virgin
- 1 ceapă roșie moderată, segmentată subțire
- 1 kg Vin sau struguri violet
- ½ kg de varză Napa, Segmentată, în bucăți de 1/8".
- 8 cârnați italieni de fenicul, înțepați cu furculița
- 4 linguri otet de vin rosu
- Sare si piper dupa gust

Directii

a) Încinge grătarul.

b) Într-o tigaie de 12 până la 14 inci, încălziți ulei de măsline până se afumă. Adăugați ceapa și gătiți până se înmoaie și începe să se rumenească, aproximativ 6 până la 7 minute.

c) Adăugați struguri și varză și gătiți până când varza este moale și unii struguri s-au extins, aproximativ 12 până la 15 minute.

d) Între timp, puneți cârnații pe grătar și gătiți, rotindu-le regulat, aproximativ 12 până la 15 minute.

e) Adăugați oțet în amestecul de varză și asezonați cu sare și piper.

f) Așezați cârnații peste varză și serviți din tigaie.

73. Cârnați de pui thailandezi la grătar

Randament: 1 porție

Ingredient

- 6 cârnați de pui cu condimente thailandeze
- 6 chifle hot dog
- 6 linguri Maioneza redusa in grasimi sau obisnuita
- 1 ardei rosu mic la gratar; tocat fin
- 2 linguri sos satay de arahide thailandez
- $4\frac{1}{2}$ linguriță suc de lămâie

Directii

a) Gătiți cârnații peste cărbuni încinși până când sunt fierți; adăugând rulouri în ultimul minut sau două pentru a prăji.

b) Amesteca maioneza, ardeiul rosu, sosul satay si sucul de lamaie intr-un vas mic; amesteca bine.

c) Ungeți rulouri prăjite cu amestec de maioneză; adauga carnati si garnituri dupa dorinta.

74. Grătar de creveți și cârnați

Randament: 4 portii

Ingredient

- ¾ cană ulei de măsline
- 2 linguri (ambalate) frunze proaspete de cimbru
- 2 cuișoare (mari); tocat
- ½ linguriță de ardei roșu zdrobit uscat
- 32 de creveți mari nefierți; decojit, devenat
- 32 ciuperci cremini sau buton; tulpinile tăiate
- 8 frigarui de bambus; înmuiat 30 de minute în apă
- 1½ kilograme de cârnați Andouille

Directii

a) Amestecați uleiul de măsline, cimbru, usturoiul tocat și ardeiul roșu măcinat în procesor 1 minut. turnați amestecul într-un vas mare. Adăugați creveții și lăsați să se odihnească 1 oră la temperatura camerei. Scoateți creveții din saramură; saramură de rezervă. înțepe 1 ciupercă orizontal pe 1 frigărui.

b) Țineți 1 bucată de andouille în curba de 1 creveți; țep împreună pe frigărui, alunecând lângă ciuperci. replicați, alternând în total 4 ciuperci, 4 creveți și 4 bucăți de andouille pe fiecare frigărui

c) Gratar gata (caldura moderata-mare). Aduceți saramura rezervată la fiert într-o cratiță mică grea.

d) Aranjați frigăruile pe grătar și ungeți cu saramură. Prăjiți până când creveții sunt gătiți, rotindu-le ocazional și ungeți cu saramură, aproximativ 8 minute.

75. Hot dog la grătar

Randament: 20 porții

Ingredient

- 2 cani de sos de rosii; <SAU>
- 2 căni de piure de roșii
- 4 linguri Sos Chili
- 1 lingura de otet
- 1 lingura suc de lamaie
- 2 lingurite de zahar
- Sare si piper
- ½ linguriță Boia
- ¼ linguriță scorțișoară
- Ceapa taiata cubulete; după gust
- ¼ linguriță de ienibahar
- 3 tulpini de țelină

Directii

a) Taiati cubulete ceapa si telina si rumeniti in ulei de gatit.

b) Adăugați ingredientele rămase și gătiți aproximativ 20 de minute.

c) Se toarnă peste hot-dog în tava de pâine și se gătește o oră la grătar la 350°

76. Hot-dogs la grătar

Ingredient

- 2/3 c. sos de friptură
- 1 T. zahăr brun
- 1/2 c. conserve de ananas
- hot-dogs
- 2 T. unt

Directii

a) Se amestecă primele patru ingrediente. Se încălzește într-o cratiță mică la foc mic până se dizolvă zahărul, amestecând din când în când.

b) Prăjiți hot dog peste cărbuni încinși, ungeți cu sos.

c) Întoarceți-vă frecvent.

77. Beerwursts

Ingredient

- 12 cârnați bratwurst
- 24 uncii de bere
- o tigaie de aluminiu de unica folosinta

Directii

a) Încălziți grătarul și Pregătiți pentru grătar indirect. Puneți tava de aluminiu peste partea neîncălzită a grătarului. turnați berea în tigaie. Puneți cârnații la foc direct. Focul ar trebui să fie moderat. Închideți capacul și gătiți aproximativ 10 minute. Întoarce bratwursts frecvent.

b) Când bratwursts încep să se rumenească, mutați-le în tigaia cu berea. Când toate bratwursts sunt în tigaie, închideți capacul și gătiți încă aproximativ 20 de minute

c) Serviți imediat din tigaie, astfel încât cârnații să fie fierbinți și suculenți.

LEGUME

78. Praz la gratar cu sampanie

Randament: 4 porții

Ingrediente

- 6 scurgeri de dimensiuni medii
- 2 linguri ulei de masline
- 1 cană de cimbru proaspăt; taiat aproximativ cubulete
- 2 căni de șampanie
- 1 cană bulion de pui
- 1 cană brânză feta mărunțită
- Sare si piper; la gust

Directii

a) Tăiați vârful și fundul prazului, lăsând aproximativ 2 până la 3 inci de verde deasupra părții albe a prazului. De la mijlocul prazului tăiat, faceți mai multe segmente longitudinale spre verdele prazului. Clătiți bine prazul.

b) Într-o tigaie mare, încălziți ulei de măsline la foc moderat. Când uleiul este fierbinte, adăugați cimbru și amestecați timp de 1 minut. Adăugați prazul și prăjiți timp de 3 minute, până când devine ușor auriu pe mai multe părți. Adăugați șampanie și bulion și fierbeți prazul până se înmoaie, aproximativ 8 minute. Scoateți prazul din tigaie și puneți-l deoparte.

c) Continuați să fierbeți sosul rămas în tigaie până când scade la jumătate. Între timp, prăzește prazul la foc moderat de cărbune timp de 8 până la 10 minute, rotindu-se de mai multe ori. Scoateți prazul de pe grătar și tăiați în jumătate pe lungime.

d) Serviți imediat, adăugând în fiecare porție niște feta și puțin din sosul redus

79.   Shiitake la grătar pe cărbune

Randament: 4 porții

Ingrediente

- 8 uncii Shiitakes
- 1 lingura ulei de masline
- 1 lingura Tamari
- 1 lingura de usturoi, zdrobit
- 1 lingurita rozmarin, tocat
- Sare si piper negru
- 1 lingurita sirop de artar
- 1 lingurita ulei de susan
- Edamame

Directii

a) Clătiți ciupercile. Scoateți și aruncați tulpinile. Amestecați ciupercile cu ingredientele rămase și marinați timp de 5 minute. Prăjiți capacele peste cărbuni până când sunt ușor prăjite.

b) Se ornează cu Edamame.

80. Legume confetti la grătar

Randament: 4 porții

Ingrediente

- 8 roșii cherry; - înjumătățit, până la 10
- 1½ cană porumb tăiat din știulete
- 1 ardei roșu dulce; juliană
- ½ ardei verde moderat; juliană
- 1 ceapa mica; Segmentat
- 1 lingura frunze proaspete de busuioc; tăiate cubulețe
- ¼ linguriță coajă de lămâie rasă
- Sare si piper; la gust
- 1 lingura + 1 lingurita unt nesarat sau; margarină; tăiat în

Directii

a) Amestecați toate ingredientele cu excepția untului într-un vas mare; se amestecă ușor pentru a se amesteca bine. Împărțiți amestecul de legume în jumătate. Așezați fiecare jumătate în mijlocul unei bucăți de 12 x 12 inchi de folie de aluminiu rezistentă. Ungeți legumele cu unt

b) Aduceți colțurile de folie împreună pentru a forma o piramidă; răsuciți pentru a sigila.

c) Prăjiți pachetele de folie pe cărbuni încinși moderat timp de 15 până la 20 de minute sau până când legumele sunt fragede. Serviți imediat.

81. Anghinare la grătar

Randament: 6 porții

Ingrediente

- 12 anghinare tinere mari
- 1½ cană oțet de vin sherry
- ½ cană de suc de lămâie
- 1 cană de ulei de măsline
- sare si piper

Directii

a) Rând pe rând, prindeți anghinarea de tulpină și loviți de suprafața de lucru pentru a le deschide fără a rupe frunzele.

b) Tăiați tulpinile; se spala in apa rece si se scurge. Aranjați un strat de anghinare într-un vas mare. Asezonați bine și stropiți generos cu oțet, apoi adăugați puțin suc de lămâie și un firicel de ulei.

c) repetați procesul până când toate anghinarea sunt în saramură. Se lasă la marinat timp de 8 ore, amestecând din când în când cu o lingură lungă de lemn.

d) Când sunt marinate, anghinările la grătar peste cărbune sau lemn de esență tare, ungându-le cu saramură.

e) Se servește foarte fierbinte, două într-o farfurie, în „poziție șezut", cu frunzele îndreptate în sus.

82. Cartofi la grătar cu brânză

Randament: 4 porții

Ingrediente

- 3 cartofi rușini, fiecare tăiat în 8, felii pe lungime
- 1 ceapă, segmentată subțire
- 2 linguri ulei de masline
- 1 lingura patrunjel proaspat taiat cubulete
- ½ linguriță pudră de usturoi
- ½ lingurita Sare
- ½ linguriță de piper măcinat grosier
- 1 cană brânză cheddar mărunțită sau brânză Colby-jack

Directii

a) Într-un vas mare Amestecă felii de cartofi, ceapa, uleiul, pătrunjelul, pudra de usturoi, sare și piper. Puneți într-o tigaie de folie pentru grătar într-un singur strat. Acoperiți cu a doua tavă de folie pentru a forma un pachet. Întăriți marginea sigilată a pachetului cu folie.

b) Se pune pe gratar la foc moderat; gătiți 40 până la 50 de minute sau până când se înmoaie, scuturând pachetul periodic și rotindu-l cu susul în jos la jumătatea grătarului. Scoateți capacul; deasupra cu brânză. Acoperiți, gătiți încă 3 până la 4 minute până când brânza se topește.

83. Pilaf de orz cu mere la gratar

Randament: 6 porții

Ingrediente

- 1 cană de orz
- 2 lingurite ulei de canola
- 1 lingurita extract de vanilie
- $\frac{1}{8}$ linguriță scorțișoară măcinată
- $\frac{1}{8}$ linguriță nucșoară rasă
- $\frac{1}{8}$ linguriță cardamom măcinat
- $1\frac{1}{2}$ cană suc de mere
- $1\frac{1}{2}$ cană apă
- 2 Coacerea mere
- 2 linguri suc de mere
- $\frac{1}{4}$ linguriță scorțișoară măcinată

Directii

a) PILAF: Într-o cratiță de 2 litri, amestecați orzul, uleiul, vanilia, scorțișoara, nucșoara și cardamomul. Se prăjește până se simte parfumat, aproximativ 2 minute. Adăugați sucul de mere și apă

b) Aduceți la fierbere, reduceți focul, acoperiți și fierbeți timp de 45 până la 60 de minute sau până când orzul este fraged și tot lichidul a fost absorbit.

c) MERELE: Se taie merele cu coaja si se taie in cruce in rondele subtiri. Se aseaza pe o tava de copt. stropiți cu 1 lingură suc de mere și $\frac{1}{8}$ linguriță scorțișoară. Prăjiți la aproximativ 4 inci de căldură timp de aproximativ 3 minute. Întoarceți segmentele și stropiți cu sucul rămas și scorțișoară. Grill timp de 2 minute. Se serveste fierbinte cu pilaf.

84. Dovlecei și dovlecei la grătar

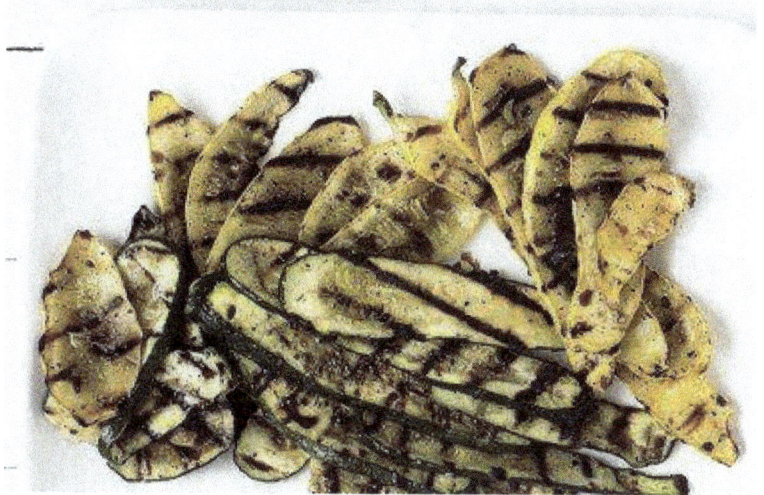

Randament: 4 porții

Ingrediente

- ¼ cană ulei de măsline
- 1 lingura de usturoi tocat
- ¼ cană de ardei iute proaspăt tocat
- Alegerea ta
- 2 linguri de semințe Comino
- Sare si piper dupa gust
- 2 dovlecei moderati, tăiați pe lungime
- 2 dovlecei de vară moderati, tăiați
- ¼ cană ulei de măsline
- ⅓ cană suc proaspăt de lămâie
- 3 linguri Miere
- ¼ cană Coriandru proaspăt tăiat cubulețe
- Sare si piper dupa gust

Directii

a) Pregătiți dressingul: într-un vas mic, amestecați toate ingredientele și puneți deoparte.

b) Într-un vas moderat, amestecați uleiul de măsline, usturoiul, ardeiul și semințele de comino și amestecați bine. Adăugați dovleceii și scândurile de dovlecel și amestecați bine astfel încât dovleceii să fie complet acoperiți cu amestecul.

c) Puneți dovleceii pe grătar la foc moderat și fierbeți timp de aproximativ 3 minute pe fiecare parte sau până se rumenesc bine. Scoateți dovleceii de pe grătar, puneți pe un platou, stropiți cu dressing și serviți.

85. Fettuccine cu ciuperci stridii

Randament: 4 porții

Ingrediente

- 8 catei de usturoi; subțire Segmentată
- 4 linguri ulei de măsline virgin
- 1 cană Cinzano Rosso sau alt vermut roșu dulce
- ½ kg ciuperci stridii; la gratar sau la gratar
- 1 cană bulion de pui
- 4 linguri ulei de măsline extravirgin
- Sare; la gust
- Piper negru proaspăt măcinat; la gust
- 1 kg paste proaspete; tăiate în fettuccine
- 1 buchet rucola proaspata; tulpinat, spalat,
- O mână de mazăre pentru ornat

Directii

a) Aduceți 6 litri de apă la fiert și adăugați 2 linguri de sare. Într-o tigaie Sear de 10 până la 12 inchi, încălziți 4 linguri de ulei de măsline virgin la foc moderat și adăugați usturoiul și prăjiți până la maro deschis. Se ia de pe foc si se adauga Cinzano.

b) Puneti pe arzator si adaugati ciupercile de stridii, supa de pui si 4 linguri de ulei de masline extravirgin si reduceti la jumatate. Asezonați cu sare și piper. Pune pastele în apă clocotită și gătește până când sunt fragede, dar al dente (aproximativ 1 până la 2 minute). Scurgeți într-o strecurătoare peste chiuvetă și turnați pastele fierbinți

c) Se prăjește tigaia cu amestec de ciuperci. Se amestecă ușor la foc moderat timp de 1 minut pentru a acoperi tăițeii. Se amestecă rucola crudă și se amestecă 30 de secunde până se ofilește. Se toarnă în vasul de porții încălzit și se servește imediat.

86. Căderea legumelor pe grătar

Randament: 1 porție

Ingrediente

- 2 Coacerea cartofilor
- 2 cartofi dulci
- 1 dovleac ghindă
- ¼ cană unt; topit
- 3 linguri ulei vegetal
- 1 lingura Cimbru
- Sare si piper dupa gust

Directii

a) Încălziți grătarul și Pregătiți pentru grătar indirect. Curățați cartofii, cartofii dulci și dovleceii. Tăiați în segmente de 1 inch grosime. Aruncați semințele și fibrele din dovleac. Amestecați legumele cu ulei, sare și piper. Într-un vas mic se amestecă untul și cimbru

b) Puneți legumele pe grătar departe de căldură directă.

c) Închideți capacul și gătiți aproximativ 15 minute. Întoarceți și continuați să gătiți încă 15 minute. Se intoarce din nou si se unge cu amestec de unt si cimbru. Acoperiți toate părțile și continuați să gătiți până când legumele sunt fragede.

87.   Dovleac ghinda la gratar si sparanghel

Randament: 1 porție

Ingrediente

- 4 Dovleac ghindă
- Sare; la gust
- Piper; la gust
- 4 crengute de rozmarin
- 4 linguri ceapa; tocat
- 4 linguri telina; tocat
- 4 linguri Morcovi; tocat
- 4 linguri ulei de masline
- 2 căni de bulion de legume
- 1 kg quinoa; spălat
- 2 kg Ciuperci sălbatice proaspete
- 2 kilograme de sparanghel creion

Directii

a) Frecați energic dovleacul ghindă cu sare, piper, ulei și rozmarin, în interior.

b) Grătiți cu fața în jos timp de 8 minute. Întoarceți, puneți rozmarinul înăuntru și gătiți, acoperit timp de 20 de minute.

c) Într-o oală, puneți ceapa, țelina, morcovii și 1 lingură ulei de măsline și gătiți. Adăugați bulionul și quinoa și aduceți la fierbere. Acoperiți strâns și fierbeți timp de 10 minute. Descoperiți dovleceii, puneți amestecul de quinoa în interiorul dovleacului și acoperiți. Gatiti inca 10 minute.

d) Se amestecă ușor ciupercile și sparanghelul cu ulei de măsline, sare și piper. Grill timp de 3 minute pe fiecare parte. Serviți dovleceii cu quinoa înăuntru și lăsați să curgă ciuperci și sparanghel.

88. Bok Choy la grătar

Randament: 1 porție

Ingrediente

- 2 capete bok choy
- ¼ cană oțet de vin de orez
- 1 lingura sos chili
- Sare si piper
- ¾ cană ulei vegetal
- 2 ceai verde; tăiate cubulețe
- 2 linguri seminte de susan

Directii

a) Într-un vas, amestecați oțetul, sosul de chili și asezonați cu sare și piper.

b) Se amestecă în ulei. Se amestecă ceaiul verde și semințele de susan.

c) Încălziți grătarul și puneți bucăți de bok Choy pe grătarul fierbinte. Prăjiți 2 până la 5 minute până când devine crocant. Rochie cu vinegreta.

89.   Salată de grădină lângă grătar

Randament: 6 porții

Ingrediente

- 2 roșii moderate, fără semințe și tăiate cubulețe
- 1 dovlecel moderat, tăiat cubulețe
- 1 cană de porumb sâmbure întreg congelat, dezghețat
- 1 avocado mic, copt, decojit, fără semințe și tăiat cubulețe grosier
- ⅓ cană ceapă verde segmentată subțire cu blat
- ⅓ cană Sos Pace Picante
- 2 linguri ulei vegetal
- 2 linguri coriandru proaspăt sau pătrunjel tăiat cubulețe
- 1 lingură suc de lămâie sau lămâie
- ¾ linguriță sare de usturoi
- ¼ linguriță de chimen măcinat

Directii

a) Amesteca rosiile, dovlecelul, porumbul, avocado si ceapa verde intr-un vas mare.

b) Se amestecă ingredientele rămase; amesteca bine. Se toarnă peste amestecul de legume; amestecați ușor. Se da la rece 3-4 ore, amestecand usor din cand in cand.

c) Se amestecă ușor și se servește rece sau la temperatura camerei cu Sos Pace Picante suplimentar.

90.   Sparanghel și roșii la grătar

Randament: 1 porție

Ingrediente

- 12 uncii sparanghel, tăiat
- 6 roșii coapte, tăiate la jumătate
- 3 linguri ulei de masline
- Sare si piper
- 1 cățel de usturoi, tocat
- 1 lingura Mustar
- 3 linguri otet balsamic
- ⅓ cană ulei de măsline
- Sare si piper

Directii

a) Încinge tigaia grătar la foc moderat mare. Într-un vas mare amestecați sparanghelul cu ulei de măsline și sare și piper. Ungeți roșiile cu uleiul de măsline rămas în vas. Prăjiți sparanghelul și roșiile, separat, până se înmoaie, dar nu se destramă.

b) Într-o farfurie Amestecați usturoiul, muștarul, oțetul balsamic și uleiul de măsline cu un tel sau cu un mixer manual. Se asezoneaza dupa gust cu sare si piper

c) Serviți legumele la grătar stropite cu vinegretă.

91. Dorada la gratar cu fenicul

Randament: 1 porție

Ingrediente

- 4 file de platica
- Ulei de măsline pentru periaj
- 10 eșalote; decojit, Segmentat
- 4 morcovi; fin Segmentat
- 1 Fenicul întreg; miez, înjumătățit
- 2 ciupituri de șofran
- Vin alb dulce
- 1 litru de stoc de pește
- 1 halbă Cremă dublă
- O portocala; suc de
- 1 buchet Coriandru; tăiate mărunt

Directii

a) Gătiți morcovii, eșalota, feniculul și șofranul în ulei de măsline fără colorare timp de 3-4 minute. Acoperiți legumele trei sferturi cu vinul și reduceți complet.

b) Adăugați bulionul de pește și reduceți cu o treime. Verificați morcovii în timp ce reduceți și, dacă sunt doar fierți, strecurați lichiorul din legume și întoarceți lichiorul în tigaie pentru a reduce și mai mult. Pune legumele deoparte.

c) Adăugați smântâna în lichiorul reducător și reduceți până se îngroașă ușor. Ungeți fileurile de dorada cu ulei de măsline și gătiți cu pielea în jos.

d) Adăugați sucul de portocale în bulionul redus și puneți legumele înapoi în tigaie. Se condimentează și se servește cu pește.

92. Salată din Caraibe la grătar

Randament: 2 porții

Ingrediente

- ¼ cană muștar de Dijon
- ¼ cană Miere
- 1½ lingură de zahăr
- 1 lingura ulei de susan
- 1½ lingură oțet de mere
- 1½ linguriță suc de lămâie
- 2 roșii moderate, tăiate cubulețe
- ½ cană ceapă spaniolă, tăiată cubulețe
- 2 lingurite de piper Jalapeño
- 2 lingurite Cilantro, tocat fin
- praf de sare
- 4 jumătăți de piept de pui; fără os și fără piele
- ½ cană saramură Teriyaki
- 4 căni de salată verde iceberg, tăiată cubulețe
- 4 căni de salată verde, tăiată cubulețe
- 1 cană de varză roșie, tăiată cubulețe
- 1 cutie bucăți de ananas în suc,

- ; scurs (cutie de 5,5 oz)
- 10 chipsuri tortilla

Directii

a) Faceți dressingul amestecând toate ingredientele într-un vas mic cu un mixer electric. Acoperiți și răciți.

b) Faceți Pico de Gallo combinând toate ingredientele într-un vas mic. Acoperiți și răciți.

c) Marinați puiul în teriyaki timp de cel puțin 2 ore. Puneti puiul in punga si turnati saramura, apoi amestecati-l in frigider.

d) Pregătiți grătarul sau încălziți un grătar de plită. Puiul la grătar timp de 4 până la 5 minute pe fiecare parte sau până când este gata.

e) Amestecați salata verde și varza împreună, apoi împărțiți verdeața în 2 feluri mari de salate cu porții individuale.

f) Împărțiți pico de gallo și turnați-l în 2 porții egale peste verdeață.

g) Împărțiți ananasul și stropiți-l pe salate.

h) Rupeți chipsurile tortilla în bucăți mari și stropiți jumătate pe fiecare salată.

i) Segmentați pieptul de pui la grătar în fâșii subțiri și întindeți jumătate din fâșii pe fiecare salată.

Turnați dressingul în 2 feluri mici și serviți cu salate.

93.   Rucola și salată de legume la grătar

Randament: 8 porții

Ingrediente

- 1½ cană ulei de măsline
- ¼ cană suc de lămâie
- ¼ cană oțet balsamic
- ¼ cană ierburi proaspete; portii egale
- . de patrunjel, rozmarin, salvie
- . cimbru și oregano
- 4 linii de sos Tabasco
- Sare si piper dupa gust
- 2 ardei gras roșii; înjumătățit
- 3 roșii prune; înjumătățit
- 2 cepe roșii moderate
- 1 vinete mici; Segmentat 1/2" grosime
- 10 ciuperci nasturi
- 10 cartofi roșii mici; gătit
- ⅓ cană ulei de măsline
- Sare si piper dupa gust
- 3 ciorchini Rucola; spălate și uscate

- 1 kg Mozzarella; subțire Segmentată
- 1 cană măsline negre; cu sâmburi

Directii

a) Într-un vas moderat, amestecați uleiul de măsline, sucul de lămâie, oțetul, ierburile, sosul Tabasco și sare și piper; apoi amestecați bine. Pus deoparte.

b) Puneti ardeii, rosiile, ceapa, vinetele, ciupercile si cartofii intr-un vas foarte mare. Se adauga uleiul de masline, sare si piper; apoi amestecați bine pentru a acoperi legumele cu ulei. Legumele la grătar la foc moderat până se rumenesc bine, 4 până la 6 minute pe fiecare parte. Scoateți de pe grătar și, de îndată ce se răcește suficient pentru a fi manipulat, tăiați în bucăți mici.

c) Faceți un pat de rucola pe un platou mare și puțin adânc. Aranjați legumele la grătar peste rucola, deasupra cu mozzarella și măsline și serviți alături de dressing.

94. Miel la grătar și salată de fasole lima

Randament: 4 porții

Ingrediente

- 2 ardei gras roșii
- ¾ cană ulei de măsline
- ¼ cană oțet balsamic
- 1 lingura de usturoi; tocat
- ¼ cană busuioc; tăiate mărunt
- Sare si piper dupa gust
- 1 cană fasole Lima; decojite
- 1 kg Miel; cuburi de 1/2".
- 1 buchet Rucola; spălate și uscate
- 1 roșie mare; tăiate cubulețe mari

Directii

a) Ardeii la grătar la foc încins, rulându-i pentru a se găti uniform, până când pielea devine foarte întunecată și formată. Scoateți de pe grătar, puneți într-o pungă de hârtie maro, legați punga și lăsați ardeii să se răcească în pungă 20 de minute. Scoateți din pungă, îndepărtați pielea și scoateți semințele și tulpinile.

b) Puneți ardeii într-un robot de bucătărie sau într-un Mixer și, cu motorul încă pornit, adăugați uleiul de măsline într-un flux constant. Adăugați oțetul balsamic, usturoiul și busuiocul și apoi amestecați.

c) Se condimentează cu sare și piper, apoi se lasă deoparte.

d) Într-o cratiță moderată, aduceți 2 căni de apă cu sare la fiert. Adăugați fasolea de lima și gătiți până când sunt fragede, dar nu moale, 12 până la 15 minute. Se scurge, se scufundă în apă rece pentru a opri gătirea, se scurge din nou și se pune într-un vas mare.

e) Între timp, asezonați mielul cu sare și piper după gust, puneți frigărui pe frigărui și puneți-l pe grătar la foc fierbinte 3 până la 4 minute pe fiecare parte.

f) Se ia de pe foc și se scot frigăruile.

g) Adăugați mielul, rucola și roșia în vasul care conține fasole de lima. Se amestecă foarte bine dressingul, se adaugă doar cât să umezească ingredientele, se amestecă bine și se servește.

95. Salată de avocado și orez

Randament: 4 porții

Ingrediente

- 1 cană de orez Wehani
- 3 roșii prune coapte; însămânțate și tăiate cubulețe
- $\frac{1}{4}$ cană ceapă roșie tăiată cubulețe
- 1 ardei Jalapeño mic; însămânțate și tăiate cubulețe
- $\frac{1}{4}$ cană coriandru tăiat mărunt
- $\frac{1}{4}$ cană ulei de măsline extravirgin
- 1 lingura suc de lime
- $\frac{1}{8}$ linguriță de semințe de țelină
- Sare si piper; la gust
- 1 avocado copt
- Mix de verdeață pentru copii

Directii

a) Gatiti orezul Wehani conform instructiunilor de pe ambalaj

b) Se întinde pe o foaie de copt pentru a se răci.

c) Într-un vas mare, amestecați orezul cu roșiile, ceapa roșie, ardeiul jalapeño și coriandru. Adăugați ulei de măsline extravirgin, sucul de lămâie și semințele de țelină. Asezonați cu sare și piper

d) Pentru a servi, curățați și segmentați avocado. Aranjați segmentele peste verdețuri amestecate.

e) Peste avocado puneți salata de orez Wehani. Ornați cu legume la grătar, dacă doriți.

96. Orez brun și legume la grătar

Randament: 6 porții

Ingrediente

- 1½ cană de orez brun
- 4 dovlecei fiecare, tăiați în jumătate pe lungime
- 1 ceapă roșie mare, tăiată transversal în 3 segmente groase
- ¼ cană ulei de măsline, plus...
- ⅓ cană ulei de măsline
- 5 linguri sos de soia
- 3 linguri sos Worcestershire
- 1½ cană așchii de lemn Mesquite înmuiate în apă rece timp de 1 oră (opțional)
- 2 cani boabe de porumb proaspete
- ⅔ cană suc proaspăt de portocale
- 1 lingura suc proaspat de lamaie
- ½ cana patrunjel italian taiat cubulete

Directii

a) Gătiți orezul într-o oală mare cu apă clocotită cu sare până când se înmoaie, aproximativ 30 de minute

b) Scurgeți bine. Se lasa sa se raceasca la temperatura camerei.

c) Se amestecă ¼ de cană de ulei, 2 linguri de sos de soia și 2 linguri de sos Worcestershire; se toarnă peste bucățile de dovlecel și ceapă într-un vas puțin adânc. Lăsați la marinat 30 de minute, rotind legumele o dată în acest timp.

d) Gratar gata (caldura moderata-mare). Când cărbunii devin albi, scurgeți așchiile de mezquite (dacă sunt utilizate) și împrăștiați-le peste cărbuni. Când chipsurile încep să fumeze, puneți ceapa și dovlecelul pe grătar, condimentând cu sare și piper

e) Acoperiți și gătiți până când se înmoaie și se rumenesc (aproximativ 8 minute), rotind ocazional și ungeți cu saramură. Scoateți legumele de pe grătar.

f) Tăiați bucățile de ceapă în sferturi și dovlecelul în bucăți de 1 inch. Se pune intr-un vas de portie cu orez si porumb racit.

g) Se amestecă sucul de portocale, sucul de lămâie, ⅓ cană de ulei, 3 linguri de sos de soia și 1 lingură de sos Worcestershire. Turnați 1 cană de dressing peste salată și amestecați pentru a se amesteca. Se amestecă pătrunjelul și se condimentează cu sare și piper.

h) Serviți salata cu sos suplimentar în lateral.

97. Salata de mere mango cu pui la gratar

Randament: 4 porții

Ingrediente

- 2 linguri otet de vin de orez
- 1 lingura Arpagic proaspat; tăiate cubulețe
- 1 lingurita ghimbir proaspat; răzuit
- ½ lingurita Sare
- ¼ linguriță de piper proaspăt măcinat
- 1 lingura ulei de floarea soarelui
- ½ lingurita Sare
- ¼ linguriță de piper proaspăt măcinat
- ¼ linguriță de chimion
- 1 praf de ardei rosu macinat
- 4 Dezosat; jumătăți de piept de pui fără piele
- Spray de gatit pentru legume
- 8 căni de verdeață de salată mixtă
- 1 Mango mare; decojite si Segmentate
- 2 mere Golden Delicious; decojite, decupate, subțire Segmentate
- ¼ cană semințe de floarea soarelui

- Pâine cu susan; (optional)

Directii

a) Preparați vinaigretă de ghimbir: amestecați oțetul, arpagicul, ghimbirul, sare și piper într-un vas mic; se bate treptat uleiul. Face $\frac{1}{4}$ de cană.

b) Amestecă sare, piper, chimen și ardei roșu în ceașcă. stropiți peste ambele părți ale puiului. Ungeți ușor tigaia grătar sau grătarul din fontă cu spray de gătit pentru legume

c) Se încălzește 1 până la 2 minute la foc moderat-mare

d) Gătiți puiul 5 până la 6 minute pe fiecare parte, până când este fiert. Treceți la placa de tăiat.

e) Amesteca verdeata, mango si bucatele de mere cu 3 linguri de dressing. Aranjați salata pe 4 farfurii individuale.

f) Segmentați pui și împărțiți uniform peste verdețuri; stropiți 1 lingură de dressing rămasă peste pui. stropiți 1 lingură de semințe de floarea soarelui peste fiecare salată.

g) Serviți cu turtă cu susan, dacă doriți.

98.   Pui la gratar si salata de naut

Randament: 4 porții

Ingrediente

- 2 linguri de usturoi tocat
- 2 linguri Ghimbir proaspăt; decojite si ras
- 1 lingurita chimen macinat
- ½ lingurita Sare
- ¼ linguriță de ardei roșu măcinat
- 4 Jumătăți de piept de pui decojite și dezosate
- 2 conserve (15 uncii) năut; clătite și scurse
- ½ cană iaurt simplu
- ½ cană smântână
- 1 lingură pudră de curry
- 1 lingura suc de lamaie
- ½ lingurita Sare
- 1 ardei gras rosu; tăiate cubulețe
- ¼ cană ceapă mov; tăiate cubulețe
- 2 ardei Jalapeño; însămânțate și tocate
- 2 linguri coriandru proaspăt; tăiate cubulețe
- 2 linguri menta proaspata; tăiate cubulețe

- 3 cesti spanac proaspat; rupt

- 3 căni de salată verde cu vârf roșu; rupt

- 2 linguri suc de lamaie

- 1 lingura ulei de curry fierbinte

Directii

a) Se amestecă primele 5 ingrediente; stropiți pieptul de pui pe toate părțile.

b) Acoperiți și răciți 1 oră

c) Amestecați năutul și următoarele 10 ingrediente; acoperiți și răciți. Prăjiți puiul, acoperit cu capac pentru grătar, la foc moderat-mare (350° până la 400°) 5 minute pe fiecare parte. Tăiați în segmente de ½ inch grosime. Păstrați cald. Amestecați spanacul și salata verde într-un vas mare.

d) Se amestecă sucul de lămâie și uleiul de curry; stropiți verdețurile și amestecați ușor. Aranjați uniform pe farfurii cu 4 porții; acoperiți uniform cu salată de năut și un piept de pui segmentat. Randament: 4 porții.

99. Salată de prosciutto de vită la grătar

Randament: 1 porție

Ingrediente

- ½ cană ulei de măsline
- 3 catei de usturoi; tăiate grosier cubulețe
- 4 crengute rozmarin
- 8 uncii; muschiu de vita
- Sare și piper negru proaspăt măcinat
- 2 Lămâi; la grătar
- 1 lingură eșalotă tăiată cubulețe grosiere
- 1 lingură rozmarin proaspăt tăiat cubulețe grosiere
- 3 catei de usturoi la gratar
- ½ cană ulei de măsline
- Sare si piper proaspat macinat
- 8 cani de salata romana taiata cubulete
- Vinaigretă cu lămâie la grătar cu usturoi
- 8 segmente Prosciutto; juliană
- 12 ceai verde; la gratar si taiat cubulete
- 2 roșii roșii; tăiate cubulețe
- 2 roșii galbene; tăiate cubulețe

- 1½ cană de gorgonzola mărunțit
- Muschiu de vita la gratar; tăiate cubulețe
- 4 ouă fierte tari; decojite și tăiate cubulețe
- 2 Haas avocado; decojite, fără sâmburi
- Arpagic tăiat cubulețe
- 8 catei de usturoi la gratar
- 2 batoane unt nesarat; înmuiat
- Sare si piper proaspat macinat
- 16 segmente pâine italiană; Segmentat 1/4-inch
- ¼ cană pătrunjel tăiat mărunt
- ¼ cană oregano tăiat mărunt

Directii

a) Amesteca uleiul, usturoiul si rozmarinul intr-o tava mica de copt. Adăugați carnea de vită și amestecați pentru a acoperi. Acoperiți și lăsați la frigider pentru cel puțin 2 ore sau peste noapte. Lăsați să stea la temperatura camerei timp de 30 de minute înainte de a fi pus la grătar

b) Încinge grătarul. Scoateți carnea de vită din saramură, asezonați cu sare și piper după gust și grătar timp de 4 până la 5 minute pe fiecare parte pentru o coacere moderată.

100. Pui la gratar si cartofi noi

Randament: 4 porții

Ingrediente

- 2 piept de pui dezosat
- 3 linguri ulei de masline
- 8 cartofi noi mici, tăiați la jumătate
- Sare si proaspat macinat
- Piper
- 6 catei de usturoi la gratar
- Șase tortilla de făină de 6 inci
- $\frac{1}{2}$ cană de brânză Monterey Jack
- $\frac{1}{2}$ cană brânză Cheddar albă
- 2 linguri de cimbru proaspăt
- 2 linguri ulei vegetal

Directii

a) Încinge grătarul. Ungeti pieptul de pui cu 1 lingura de ulei de masline si asezonati cu sare si piper dupa gust.

b) Prăjiți sânii pe fiecare parte timp de 4 până la 5 minute, scoateți și lăsați să se odihnească.

c) Amestecați cartofii în uleiul de măsline rămas și condimentați cu sare și piper după gust. Prăjiți carnea în jos timp de 2 până la 3 minute până când se rumenește, întoarceți-l și continuați să gătiți până când se înmoaie.

d) Pune 4 tortilla pe o tavă de copt neunsă

e) Întindeți fiecare tortilla cu 2 linguri din fiecare brânză, 4 segmente de pui, 1 cățel de usturoi și 4 jumătăți de cartofi. stropiți fiecare tortilla cu cimbru proaspăt.

f) Stivuiți cele 2 straturi și acoperiți cu celelalte 2 tortilla. Ungeți tortilla de sus cu ulei vegetal, puneți uleiul în jos pe grătar.

g) Gatiti pe o parte in sus pana devine maro auriu, intoarceti si continuati gatirea pana cand branza se topeste.

h) Tăiați în sferturi și serviți imediat.

CONCLUZIE

Dacă vrei ca ceva să fie autentic, atunci folosește tradiționalul, dar când îți găsești propriile rețete preferate, adaptează-l la ceea ce îți place mai mult. F

Cu această carte, veți avea o bună cunoaștere a ceea ce funcționează cel mai bine pentru diferite tipuri de carne, apoi veți experimenta și vă veți distra găsind propriile rețete perfecte. După cum spunea Picasso, „Învață regulile ca un profesionist, ca să le poți încălca ca un artist".

www.ingramcontent.com/pod-product-compliance
Lightning Source LLC
Chambersburg PA
CBHW071603080526
44588CB00010B/1006